KB273682

초보자를 위한 형사 고소절차/수사절차/법적대응/해결방법

처음부터 끝까지

형사고소

해결방법

편저 : 대한법률콘텐츠연구회

(콘텐츠 제공)

해설 · 최신서식

법문북스

머리말

법을 잘 알고 지킬 수 있는 사람만이 참다운 자유와 행복을 누릴 수 있습니다. 사회가 발전할수록 각종 법령과 제도는 더욱 복잡해지고 범죄로 피해를 입은 피해자들이 법을 제대로 알고 즉각 대응하는 일은 점차 어려워지고 있습니다.

공동생활을 하다 보면 사람들 사이에 다툼도 생기고 사고도 일어나게 됩니다. 그래서 이해관계가 얽혀 원만하게 타협이 이루어지지 않게 되면 사람들은 소송을 걸어 시비를 가리게 되는데 이를 '민사사건'이라 하며 모든 문제의 원칙적인 해결방법인 것입니다.

그러나 형사사건처럼 어떠한 종류의 문제는 너무나 중대하기 때문에 개인들끼리 해결하도록 놓아둘 수 없는 것이 많습니다. 그러한 문제에 대해 국가가 법률로 범죄라고 규정하여 강제로 형벌을 과하는데 이러한 것을 '형사사건' 이라고 합니다.

한편 수사는 이러한 형사사건을 조사하는 절차를 말하는 것입니다.

검경수사권조정으로 형사소송법이 개정되어 시행되면서 1.부패범죄 2.특정경제범죄 범죄피해액이 5억 원 이상인 사기죄 등 경제범죄의 수사권은 검찰에 그대로 두고, 그 밖의 전체 형사사건 중 98%해당하는 사건의 수사권은 경찰에 일차적 수사권과 수사종결권을 부여하는 형사소송법을 개정돼 시행되고 있습니다.

모든 수사는 범죄가 성립하는지, 어떠한 처분을 해야 하는지를 결정하는 것은 매우 어렵고 중요합니다.

형사 고소는 범죄의 피해자 등의 고소권을 가진 사람이 수사기관(1.부패범죄 2.특정재산범죄 범죄피해액이 5억 원 이상의 사기죄 등 특정경제범죄는 검찰에 수사권이 있고, 그 밖의 사건의 일차적 수사권과 수사종결권은 경찰에 있습니다)에 대하여 범죄사실을 신고(고소)하여 범인을 처벌해 달라고 요구하는 것입니다.

그래서 형사 고소는 단순히 피해신고를 하는 것과는 다릅니다.

모든 범죄의 피해자와 피해자가 무능력자인 경우 법정대리인 그리고 피해자가 사망한 경우의 배우자, 직계친족, 형제자매가 고소권자가 됩니다. 따라서 형사 고소는 자기나 배우자의 직계존속 다시 말해 부모나 시부모, 장인, 장모 등은 원칙적으로 고소할 수가 없으나 예외적으로 직계존속으로부터 성폭력을 당했을 때는 직계존속이라도 형사 고소할 수 있습니다.

범죄의 피해자인 고소인은 수사기관에 출석하여 고소사실을 진술할 권리가 있고 수사에 협조할 의무도 있습니다. 또한 사법경찰관이 수사한 결과 피의자를 기소의견으로 검찰에 송치한 사건이거나 검사가 고소사건을 직접 수사한 결과 피의자에 대하여 범죄혐의가 인정되지 않는다는 판단으로 불기소처분 하게 되면 그 불기소처분통지를 받을 권리가 있고, 불기소처분 사유를 알고 싶으면 알려달라고 요구할 수 있으며, 불기소처분에 불만이 있으면 관할 고등검찰청 검사장에게 30일 내에 항고할 수 있고 항고기각 결정이 있으면 대검찰청에 30일 내에 재항고를 하거나 10일 내에 관할 고등법원에 재정신청을 할 수 있습니다.

따라서 형사 고소는 일시적 기분에 좌우되어 경솔하게 고소를 하는 바람에 후회를 하는 수가 많이 발생합니다. 형사 고소가 사건해결의 첩경이라고 생각하기 전에 당사자끼리 상호 원만히 해결하는 자세가 필요합니다.

피해를 핑계 삼아 가해자에게 과중한 돈을 요구하다가 화해가 결렬되자 홧김에 고소를 하거나, 수십 통에 달하는 고소장이나 진정서를 작성하여 여러 곳에 제출하는 사람이 있으나 이는 모두 바람직한 일은 아닙니다. 또한 가해자 측에서도 자신의 잘못에 대해 피해자에게 정중히 사과하고 상호 원만한 합의를 이루도록 노력하여야 할 것입니다.

피해자가 상대방에게 빌려준 돈을 받지 못하고 있거나 상대방이 약속한 채무를 이행하지 아니하는 등의 사유로 상대방을 사기혐의로 경찰서에 고소장을 제출한 경우 고소인을 민사적으로 도와주기 위한 제도를 운영하고 있습니다. 다시 말해 형사 고소 절차와는 별도로 실제 돈을 빌려준 상대방이나 채무를 이행하지 아니한 상대방에게 법률구조공단을 통하여 합의를 권유하거나 소송을 제기하여 돈을 되돌려 받거나 채무를 이행하게 하는 제도입니다.

빌려준 돈을 받지 못하거나 채권을 행사하지 못하게 된 고소인은 수사권이 있는 경찰서나 검찰청에 상대방을 사기 등으로 고소하는 경우가 많이 있습니다. 그러나 비록 상대방이 돈을 갚지 않는다고 하여도 처음부터 고소인의 돈을 빼앗기 위한 의도로 고소인을 속여 그러한 행위를 하지 않는 한 형사적으로 사기죄가 된다고 볼 수 없는 경우가 많이 있습니다.

또한 상대방에게 죄가 성립된다고 하여도 범죄자에게 형사적으로 벌을 가하는 기관이지 돈을 받게 하여주는 기관이 아닙니다.

이러한 고소인의 오해를 불식하고 법적용과 현실 사이의 괴리를 해소하기 위하여 비록 상대방을 형사적으로 처벌할 수는 없으나 억울한 피해를 입은 고소인을 민사적으로 도와주기 위해 제도를 마련하여 시행 중에 있으므로 이용해 보는 것도 좋습니다.

이 제도는 고소인이 경찰서 또는 검찰청에 제출한 고소장의 내용이 돈을 빌려주었다가 받지 못한 경우, 상대방이 임금을 지불하지 아니한 경우, 상대방이 공사대금, 물품대금 등 대금지불의무를 이행하지 아니한 경우, 기타 상대방이 약속한 의무를 이행하지 아니한 경우 등 민사적으로 해결이 가능한 사안인 경우에 적용됩니다.

위와 같은 사안은 고소인이 경찰이나 검찰에 고소장을 제출하여도 민사적으로 해결하여야 할 사안이라는 이유로 경찰서 또는 검찰에서는 죄가 되지 아니한다고 판단할 가능성이 대단히 높습니다. 이에 따라 억울한 일을 당한 고소인이 법률상의 이유로 아무런 피해회복도 되지 못하는 사례를 방지하기 위하여 검찰은 법률구조공단과 협조하여 고소인을 민사적으로 도와주는 제도를 시행하는 것입니다.

고소인이 제출한 고소장이 민사적으로 해결 가능한 것이라 하더라도 고소인이 법률구조대상자에 해낭할 경우에 한해서 도움을 받을 수 있습니다.

법률 구조대상자는 월평균 수입이 1,500,000원 이하의 근로자 및 영세상인 농어민, 6급 또는 6급 상당 이하의 공무원 국가보훈대상자, 위관급 장교 이하의 군인 월 평균 수입 1,500,000원이하의 국내거주외국인(따라서 임금 등 근로관계로 발생한 사건에 한정) 물품의 사용 및 용역의 이용으로 인하여 피해를 입은 소비자·생활보장수급자, 소년

소녀가장, 장애인, 기타 영세민 입니다. 자신이 법률구조대상자인지를 증명하기 위하여는 다음과 같은 증명서류가 필요합니다. 농어민의 경우 시·군·읍·면장 발행의 증명서류 혹은 농·수협 발행의 회원증명서, 근로자의 경우 근로소득원천징수영수증 혹은 건강보험료 납입 영수증 등의 월평균 수입이 1,500,000원 이하임을 증명하는 서류를 첨해야 합니다. 월평균수입은 보너스 수당 등을 모두 합한 보수액을 말합니다. 영세상인의 경우 월평균수입이 1,500,000원 이하임을 증명할 수 있는 세무서장 발행의 소득금액증명서, 건강보험료 납입영수증, 국민 연금관리공단에서 발생하는 이력요약, 가입증명서 공무원·군인의 경우 재직증명서 또는 공무원증 신분증 사본, 국가보훈대상자의 경우 국가유공자 또는 그 유족임을 증명하는 증명서, 생활보장수급자의 경우 생활보장수급자 증명서, 소년 소녀가장의 경우 호적등본 등, 장애인의 경우 장애인수첩 사본 또는 의사 발행의 장애진단서, 기타 영세민의 경우 소득금액증명서, 지방세세목별과세증명서, 건강보험료 납입영수증, 주택임대차계약서사본 등을 첨부해야 합니다. 고소인이 호주 또는 세대주가 아닌 경우에는 의뢰자 본인 이외에 그 부모의 자력을 고려하는 등 가(家)를 단위로 판단합니다.

검찰청에 직접 고소장을 제출하는 경우에 고소인이 고소장을 검찰청에 제출하면 민원전담검사 혹은 공익법무관과 상담하게 됩니다. 상담 시 민원전담검사 혹은 공익법무관은 고소장 내용이 민사사안에 해당하는지 여부를 확인합니다. 고소장 내용이 민사사안에 해당한다고 판단하는 경우 민원전담검사 혹은 공익법무관은 고소인에게 고소를 계속해서 유지할 것인지, 고소를 취소하거나 고소와 함께 민사적으로 피해변제를 받을 것인지 등에 대하여 묻습니다. 고소인은 자신의 자유의사에 따라서 고소의 유지 혹은 취소 및 민사적 피해변제 신청 의사를 표시합니다. 고소인이 민사적 피해변제를 받고자 희망하는 경우 공익법무관의 안내에 따라 관할 법률구조공단을 통하여 피해변제를 받을 수 있도록 도와드리고 있습니다.

경찰에 고소한 후 검찰에서 수사 중인 경우에 수사 주임검사와 상의하여 민사적 피해변제를 받을 수 있도록 안내받아 공익법무관과 상담하고 법률구조공단을 통하여 피해변제를 받을 수 있도록 도와드리고 있습니다. 한편 고소인이 민사적 피해변제를 받고자 원하면 공익법무관 혹은 법률구조공단 직원에게 법률구조신청서와 함께 본인의 주민등록 등본과 법률구조대상자임을 증명할 자료, 그리고 구체적 피해내역을 입증할 자료를 제출하면 됩니다. 구체적 입증자료에 대해서는 공익법무관의 안내에 따라 제출하시면 됩니다.

　법률구조공단에서는 고소인에게 분쟁에 대한 문제점과 해결방법을 제시하여 당사자간에 원만한 합의를 이룰 수 있도록 권유합니다. 합의가 성립되지 아니할 경우에 법률구조공단에서는 민사소송을 할 것인지 여부를 결정하고, 소송을 하기로 결정한 경우에 변호사 혹은 공익법무관이 고소인을 위하여 소송을 수행해 줍니다. 만일 법률구조공단에서 소송을 하지 않기로 결정한 경우에는 고소인은 이에 불복하여 이의신청을 할 수 있습니다.

　소송을 하지 않고 법률상담이나 합의로 종결된 사건은 일체의 비용을 받지 않고 듣지 않습니다. 소송물가액이 1,000만 원 미만이고 비교적 간단한 사건에 대하여는 공단으로부터 법원에 제출하는 소장 등의 서류를 작성 받아 본인이 소송을 진행할 수 있습니다. 이 때 서류작성 비용 및 변호사비용은 없고 인지대 및 송달료 등 법원에 제출하는 실비만 부담하면 나머지는 다 알아서 해줍니다.

　변호사 비용은 패소하거나 소송물가액이 1,000만 원 이하의 소장 등 서류작성 구조사건인 경우에는 지불하지 아니하며, 승소시 승소 가액을 기준으로 지불하게 됩니다. 변호사비용은 승소시 승소가액을 기준으로 산정되며, 패소하는 사건에 대하여는 변호사비용이 발생하지 않습니다.

　소송비용 산정기준에 대해서는 소송물 가액 500만 원, 소송비용 48,000원, 1,000만 원, 소송비용 73,000원입니다. 변호사 비용 산정기준은 승소한 가액 500만 원, 변호사비용 약 13만원, 1,000만 원, 변호사비용 약 26만원, 3,000만 원, 변호사비용 약 58만 원입니다. 특히 법률구조대상자 중 다음 사람은 일체의 비용을 지불할 필요없이 무료로 법률구조를 받을 수 있습니다(다만, 승소금액이 2억원 이하인 경우). 농민, 어민, 축산인 생활보장수급자, 소년소녀가장, 장애인, 국가보훈대상자, 월평균 수입 1,500.000원 이하인 자로 재산세 미과세 대상자중 주택임대차보호법에서 정한 소액임차인, 담배소매인이 이에 해당합니다.

피해자인 고소인으로서는 꼭 형사 고소를 하지 않더라도 서류작성 비용 및 변호사비용은 없고 인지대 및 송달료 등 법원에 제출하는 실비만 부담하면 나머지는 법률구조공단에서 다 알아서 해주는 제도를 이용하는 것도 아주 좋은 해결방법입니다. 고소인이 민사적 피해변제를 받고자 희망하는 경우 공익법무관의 안내에 따라 관할 법률구조공단을 통하여 피해변제를 받을 수 있도록 도와드리고 있습니다.

고소인이 법률구조대상자에 해당할 경우에 한해서 얼마든지 도움을 받을 수 있으므로 위의 기준을 잘 숙지하시어 법률구조공단의 도움을 받아 고소를 하지 않고도 얼마든지 피해를 변제받아 해결할 수 있습니다.

우리 법문북스에서는 본서만 가지고 얼마든지 초보자가 직접 형사 고소를 제출하고 혼자서도 충분히 피해자 진술조서는 물론이고 결과에 적극적으로 대응하여 처리할 수 있도록 하였기 때문에 법적으로 적극적인 조치를 취할 수 있는 해결방법을 제시하였으므로 법을 잘 알지 못하더라도 실제 수사절차를 중심으로 자세히 분석하고 이에 알맞은 해결방법을 수록한 실무지침서를 적극 권장하고 싶습니다.

- 대한법률콘텐츠연구회 -

차례

본문

제1장 형사 고소 초보자를 위한 해결방법

제1절 고소 절차

법을 잘 알고 지킬 수 있는 사람만이 참다운 자유와 행복을 누릴 수 있습니다. 사회가 발전할수록 각종 법령과 제도는 더욱 복잡해지고 범죄로 피해를 입은 피해자들이 법을 제대로 알고 즉각 대응하는 일은 점차 어려워지고 있습니다. 공동생활을 하다 보면 사람들 사이에 다툼도 생기고 사고도 일어나게 됩니다. 그래서 이해관계가 얽혀 원만하게 타협이 이루어지지 않게 되면 사람들은 재판을 걸어 시비를 가리게 되는데 이를 민사사건이라 하며 모든 문제의 원칙적인 해결방법인 것입니다. 그러나 형사사건처럼 어떠한 종류의 문제는 너무나 중대하기 때문에 개인들끼리 해결하도록 놓아둘 수 없는 것이 많습니다. 그러한 문제에 대해 국가가 법률로 범죄라고 규정하여 강제로 형벌을 과하는데 이러한 것을 '형사사건' 이라고 합니다.

수사는 이러한 형사사건을 조사하는 절차를 말하는 것입니다. 검경수사권조정으로 형사소송법이 개정되어 시행되면서 1.부패범죄 2.특정경제범죄 범죄피해액이 5억 원 이상인 사기죄 등 경제범죄의 수사권은 검찰에 있고, 그 밖의 전체 형사사건 중 98%해당하는 사건의 수사권은 경찰에 일차적 수사권과 수사종결권을 부여하는 형사소송법을 개정돼 시행되고 있습니다. 모든 수사는 범죄가 성립하는지, 어떠한 처분을 해야 하는지를 결정하는 것은 매우 어렵고 중요합니다.

고소는 범죄의 피해자 등의 고소권을 가진 사람이 수사기관(1.부패범죄 2.특정재산범죄 범죄피해액이 5억 원 이상의 사기죄 등 특정경제범죄는 검찰에 수사권이 있고, 그 밖의 사건의 일차적 수사권과 수사종결권은 경찰에 있습니다)에 대하여 범죄사실을 신고(고소)하여 범인을 처벌해 달라고 요구하는 것입니다. 고소는 단순히 피해신고를 하는 것과는 다릅니다. 모든 범죄의 피해자와 피해자가 무능력자인 경우 법정대리인 그리고 피해자가 사망한 경우의 배우자, 직계친족, 형제자매가 고소권자입니다. 따라서 고소는 자기나 배우자의 직계존속 다시 말해 부모나 시부모,

장인, 장모 등은 원칙적으로 고소할 수가 없으나 예외적으로 직계존속으로부터 성폭력을 당했을 때는 직계존속이라도 고소할 수 있습니다.

(1) 고소장 접수장소 및 작성기준

형사 고소를 하기 위해서는 1.부패범죄 2.특정경제범죄 범죄 피해액이 5억 원 이상 사기죄 등 경제범죄에 대한 수사권은 검찰에 있으므로 피고소인의 주소지를 관할하는 지방검찰청이나 지청에 고소장을 접수해야 합니다. 그 밖의 전체 형사사건 중 98%에 해당하는 사건은 경찰에 일차적 수사권과 수사종결권이 있으므로 피고소인의 주소지를 관할하는 경찰서에 고소장을 접수하여야 합니다.

고소장은 수사권을 가지고 있는 경찰서나 검찰청에 직접 출석하여 구두로 고소할 수도 있고 고소장을 작성해 방문 제출할 수도 있습니다. 고소장을 작성하는 방법에는 일정한 양식이 없고 고소인과 피고소인의 인적사항, 그리고 피해를 입은 내용, 고소취지에 피고소인의 처벌을 원한다는 뜻만 들어 있으면 반드시 무슨 죄에 해당하는지를 밝힐 필요는 없습니다. 다만 피해사실 등의 내용이 무엇인지 알 수 있을 정도로 가능한 한 명확하고 특정되어야 합니다. 가명이나 허무인 또는 다른 사람의 명의를 도용하여 고소해서는 안 됩니다. 그렇게 되면 피고소인만 수사기관으로 불려 다니면서 근거 없이 조사를 받는 불이익을 입게 되므로 수사기관은 수사를 중단하고 사건을 종결할 수 있습니다.

(2) 수사 협조 및 불복

범죄의 피해자인 고소인은 수사기관에 출석하여 고소사실을 진술할 권리가 있고 수사에 협조할 의무도 있습니다. 또한 사법경찰관이 수사한 결과 피의자를 기소의견으로 검찰에 송치한 사건이거나 검사가 고소사건을 직접 수사한 결과 피의자에 대하여 범죄혐의가 인정되지 않는다는 판단으로 불기소처분 하게 되면 그 불기소처분통지를 받을 권리가 있고, 불기소처분 사유를 알고 싶으면 알려달라고 요구할 수 있으며, 불기소처분에 불만이 있으면 상급 고등검찰청 검사장에게 30일 내에 항고할 수 있고 항고기각 결정이 있으면 대검찰청에 30일 내에 재항고를 하거나 10일 내에 관할 고등법원에 재정신청을 할 수 있습니다.

고소는 일시적 기분에 좌우되어 경솔하게 고소를 하는 바람에 후회를 하는 수가 많습니다. 형사 고소가 사건해결의 첩경이라고 생각하기 전에 당사자끼리 상호 원만히 해결하는 자세가 필요합니다. 피해를 핑계 삼아 과중한 돈을 요구하다가 화해가 결렬되자 홧김에 고소를 하거나, 수십 통의 고소장이나 진정서를 작성하여 여러 곳에 제출하는 사람이 있으나 이는 모두 바람직한 일은 아닙니다. 또한 가해자 측에서도 자신의 잘못에 대해 피해자에게 정중히 사과하고 상호 원만한 합의를 이루도록 노력하여야 할 것입니다.

제2절 수사 절차

경찰에 수사권이 있는 사건에 대해 사법경찰관이 수사한 결과 피의자에 대한 범죄혐의 인정되면 일차적 수사권에 의하여 기소의견으로 검찰에 송치하고 범죄혐의 인정되지 않으면 불송치(기소의견으로 검찰에 송치하지 않고 경찰에서 자체적으로 사건을 종결한다는 뜻입니다)결정을 할 수가 있습니다. 불송치 결정에 대해 이의신청이 있으면 지체 없이 수사기록을 검사에게 송부해야 하고 검사는 수사한 결과 사법경찰관이 한 불송치 결정이 위법 또는 부당한 때는 다시 재수사를 요청하고 최종적으로 기소 여부를 결정합니다.

수사기관(경찰이나 검찰)이 수사를 개시하는 단서에는 제한이 없습니다. 고소, 고발처럼 범죄 신고를 받거나 풍문이나 신문기사를 보고 수사를 시작하거나 우연히 목격하고 인지를 할 수도 있습니다. 수사기관은 범죄의 혐의가 있다고 사료되는 때는 범인, 범죄사실과 증거를 수사하여야 합니다. 그러나 범죄의 혐의가 없거나 범죄가 되더라도 처벌할 수 없음이 명백한 때는 수사를 할 수가 없습니다.

수사기관에서는 수사를 한 결과 범죄가 무겁고 죄질이 나쁘며 일정한 주거가 없거나 도망 또는 증거인멸의 염려가 있는 경우에는 피의자를 구속할 수가 있습니다. 구속을 하기 위하여는 증거가 있어야 함은 물론 반드시 판사가 발부한 구속영장이 있어야 합니다. 구속영장의 청구절차 및 방법은 체포영장의 경우와 같습니다. 한편 상당한 이유가 있는 경우에는 검사나 판사는 영장을 기각할 수 있습니다. 수사기관에서 피의자의 범죄혐의 유무를 조사하여 피의자가 죄를 범하였다고 의심할 만한 상당한 이유가 있고 도망이나 증거인멸의 우려가 있는 경우에는 법원에 구속영장을 청구하여 판사가 발부한 구속영장에 의하여 피의자를 구속하게 됩니다.

피의자는 수사과정에서 변명의 기회를 가지게 되는 것은 물론이고 형사소송법 개정에 따라서 구속여부가 결정되기 전에 판사 앞에서 변명의 기회를 가질 수 있게 되었는데 이 제도가 구속 전 피의자심문제도입니다. 피의자들 중에 현행범인이나 체포영장, 긴급체포의 방식으로 수사기관에 체포된 피의자에게 위와 같은 구속

전 피의자심문을 신청할 수 있는 권리가 있고, 피의자의 변호인, 법정대리인, 배우자, 직계 존속, 형제자매, 가족, 동거인 또는 고용인은 피의자와 별도로 구속 전 피의자심문을 신청할 수 있는 권리가 있습니다. 다만, 피의자나 변호인 등의 신청이 있는 경우에도 판사가 반드시 피의자를 심문하여야 하는 것은 아니며 피의자를 심문하지 않더라도 구속여부를 결정할 수 있다고 판단되는 사안에 대하여는 신청이 있는 경우에도 심문을 실시하지 아니한 채 구속영장을 발부 할 수도 있습니다.

형사사건의 모든 사건은 사건의 크고 작음에 구별이 없이 사법경찰관은 수사한 결과 피의자에 대한 범죄혐의 인정되면 기소의견으로 검찰에 송치하고 범죄혐의 인정되지 않으면 불송치 결정을 할 수 있고 검사만이 공소를 제기할 수 있습니다. 사법경찰관은 그가 수사 한 모든 형사사건에 대하여 기록과 증거물을, 그리고 구속한 경우에는 피의자를 검찰청으로 보내야 하는데 이를 송치한다고 합니다. 법을 잘 모르시는 분들은 간혹 경찰서에서 조사를 받고 다 끝났는줄 알았는데 검찰청에서 또 조사할 것이 있다면서 부르는 것은 무슨 까닭인지 모르는 분들이 많습니다. 그것은 검사가 공소의 유지에 필요한 보완수사를 할 권한이 있다는 것을 이해하지 못하였기 때문입니다.

사법경찰관은 사건을 송치할 때 그동안 수사한 결과를 종합하여 사법경찰관으로서의 의견(예컨대 기소, 불기소 또는 기소중지, 무혐의 등)을 붙여서 송치하는데 이를 송치의견이라고 합니다. 송치 의견은 검사가 수사를 종결하는 데 참고가 되지만 그 의견에 기속되는 것은 아닙니다. 다시 말해 검사는 그 책임 하에 사건에 대하여 종국결정(공소제기 또는 불기소처분)을 하여야 합니다.

영장에 의하여 수사기관에 체포 또는 구속되었다고 하더라도 피의자는 적부심사절차에 따라서 다시 법원으로부터 체포 또는 구속의 적부 여부를 심사받을 수가 있습니다. 적부심사절차에서 체포 또는 구속이 부당하다고 하여 법원이 석방을 명하면 피의자는 즉시 석방되며, 이에 대하여 검사는 항고를 할 수가 없습니다. 한편 체포 또는 구속적부심의 청구는 피의자 본인이나 변호인은 물론 배우자, 직계친족, 형제자매, 호주, 가족 나아가 동거인이나 고용주도 피의자를 위하여 청구할 수 있습니다. 체포 또는 구속적부심은 사건이 경찰에 있는가 검찰에 있는가를 가리지 아니하고, 검사가 법원에 기소를 하기 전이면 청구할 수가 있다는 점에서 기소된 피고인에 대하여 인정되는 보석제도와 다릅니다.

체포 또는 구속적부심을 청구 받은 법원은 지체 없이 구속이 된 피의자를 심문하고 증거를 조사하여 결정을 하여야 하는데, 청구권자 아닌 자가 청구하거나 동일한 영장에 대해 재청구한 때, 수사방해의 목적이 분명한 때 등에는 청구를 기각할 수 있으며, 이에 대하여 피의자는 항고하지 못합니다. 한편 개정된 형사소송법은 구속의 적부심사를 청구 받은 피의자에 대하여도 피의자의 출석을 보증할 만한 보증금의 납입을 조건으로 석방을 명하는 피의자보석제도를 채택하였으나 석방의 요건이나 집행절차 등은 보석의 경우와 거의 동일합니다.

검사는 사법경찰관으로부터 기소의견으로 송치 받은 사건이나 직접 수사한 사건에 대하여 피의자가 재판을 받음이 마땅하다고 판단되는 경우에는 이를 법원에 회부하게 되는데 이를 공소제기 즉 기소한다고 하며, 검사에 의하여 기소된 사람을 피의자에서 피고인이라 부릅니다. 그런데 검사가 피의자에 대하여 징역형이나 금고형에 처하는 것보다 벌금형에 처함이 상당하다고 생각되는 경우에는 기소와 동시에 법원에 대하여 벌금형에 처하여 달라는 뜻의 약식명령을 청구할 수 있는데 이를 약식기소라고 합니다.

구속된 사람에 대하여 검사가 약식기소를 하는 경우에는 석방을 하여야 합니다. 이 경우 판사는 공판절차를 거치지 않고 수사기록만으로 재판을 하게 됩니다. 그러나 판사는 약식절차에 의하는 것이 불가능 또는 부적당하다고 생각하는 경우에는 정식재판에 회부하여 공판을 열어 재판을 할 수도 있습니다. 피고인이나 검사는 판사의 약식명령에 대하 여 불복이 있으면 7일 이내에 정식재판을 청구할 수 있습니다. 실무상 검사는 약식기소를 할 때 구형에 해당하는 벌금 상당액을 피고인으로부터 미리 예납을 받고 있는데 예납한 피고인은 약식명령에 기재된 벌금을 다시 납부할 필요는 없습니다.

검사가 사건을 수사한 결과 재판에 회부하지 않는 것이 상당하다고 판단되는 경우에는 기소를 하지 않고 사건을 종결할 수 있는데 이를 불기소처분이라고 합니다. 불기소처분으로 중요한 것은 기소유예와 혐의 없음 또는 증거불충분의 무혐의 처분이 있습니다. 기소유예는 죄는 인정되지만 피의자의 연령이나 성행, 환경, 피해자에 대한 관계, 범행의 동기나 수단, 범행 후의 정황 등을 참작하여 기소를 하여 전과자를 만드는 것보다 다시 한 번 성실한 삶의 기회를 주기 위하여 검사가 기소를 하지 않고 용서해 주는 것을 말합니다. 그리고 검찰실무에서는 '선도조건부 기소유예제도'를 많이 활용하고 있는데 이는 선도위원이 피의자를 선도하여 앞으로 재범하지 않는다는 조건으로서 검사가 기소를 유예하는 것인데 이 제도의 실시 결과 재범률이 무척 낮아져 좋은 성과를 얻고 있습니다.

무혐의 처분은 법률전문가인 검사가 수사한 결과 범죄를 인정할 만한 증거가 없는 경우에 피의자의 무고함을 최종적으로 판단하는 처분입니다. 또한 민사상의 채무불이행에 해당되어 무혐의 처분을 한 경우는 형사상 범죄가 성립되지 않는 것을 의미할 뿐이지 민사상의 채무까지 면해주는 것이 아님을 주의할 필요가 있습니다. 그런데 기소유예에 대하여 한 가지 알아둘 것은, 한번 기소유예 처분을 하면 특별한 사정이 없으면 다시 같은 죄로 기소를 하지 않지만 만약 기소유예 후에 또 죄를 저질렀다고 하는 경우 등의 사정이 있으면 검사는 기소유예 처분한 범죄에 대해 새로 기소를 할 수 있다는 점입니다. 그리고 이는 무혐의에 대하여도 마찬가지로 만약 새로운 증거가 발견된다면 검사는 기소를 할 수 있습니다.

검사에 의하여 구속 기소된 경우에는 피고인은 재판을 담당하고 있는 법원에 보증금을 납부할 것을 조건으로 석방하여 줄 것을 청구할 수 있는데 이를 보석이라고 합니다. 보석보증금은 현금으로 납부하지 않고 보석보증보험증권을 첨부한 보증서로써 갈음할 수 있습니다. 이와 같은 보석은 기소 후에 청구하는 점에서 기소 전에 청구하는 구속적부심과 다르나 보증금의 납부를 조건으로 석방하는 점에서 피의자보석제도와 유사합니다. 보석은 피고인은 물론 변호인과 피고인의 법정대리인, 배우자, 직계친족, 형제자매, 호주도 청구할 수 있으며 법원은 보석을 결정함에 있어 미리 검사의 의견을 물어야 하지만 그 의견에 구애 받지 않고 자유로이 결정할 수 있습니다. 따라서 피고인이 사형, 무기 또는 장기 10년 이상의 징역이나 금고에 해당하는 죄를 범하였거나, 피해자 또는 당해 사건의 재판에 필요한 사실을 알고 있다고 인정되는 자 또는 그 친족의 생명 신체나 재산에 해를 가하거나 가할 염려가 있다고 믿을 만한 충분한 이유가 있는 때에는 보석을 허가하지 않습니다. 법원은 피고인의 자력정도와 범죄의 성질, 증거 등을 고려해 상당한 보증금을 납부할 것과 주거를 제한하는 등에 대한 조건을 붙이는 것이 보통입니다. 또 보석은 피고인 등의 청구가 없더라도 법원이 직권으로 허가 하는 경우도 있습니다.

형사재판은 검사가 기소한 사건에 대하여 법원은 공판을 열어 재판을 하게 됩니다. 그러나 검사가 약식 기소한 사건에 대하여는 공판을 열지 않고 기록만으로 재판을 하지만 판사가 정식재판을 할 필요가 있다고 생각하면 사건을 정식재판에 회부할 수도 있습니다. 다시 말해 공판은 보통 법원에 마련된 공판정에서 공개리에 진행이 됩니다. 이 재판에서 피고인은 자기의 억울함이나 정당함을 주장할 수 있고 또 변호인의 도움을 받을 수 있습니다.

유죄의 판결 심리결과 피고인의 죄가 인정되면 판사는 유죄의 판결을 하는데 정상에 따라 실형을 선고하는 수도 있고 집행유예를 붙여주는 경우도 있으며 정상이 특히 참작될 때는 선고유예를 하는 수도 있습니다. 집행유예는 형(예컨대 징역 1년)을 선고하면서 일정 기간 그 형의 집행을 미루어 두었다가 그 기간 동안 재범을 하지 않고 착실히 살면 형의 선고를 실효시켜 아예 집행을 하지 않는 것이며, 선고유예는 형의 선고 자체를 미루어 두었다가 일정기간 무사히 경과하면 면소된 것으로 간주하는 것입니다.

1. 고소 방향

우리나라는 고소왕국이라 불릴 정도로 고소사건이 급증하고 있습니다. 고소사건 중에는 혐의가 인정되지 않는 불필요한 고소사건이 많아 수사기관의 업무에 상당한 부담을 주고 형사사건의 처리지연에 따른 주요 원인으로 작용하고 있습니다. 고소사건이 급증하는 것은 우리나라 사람들은 원래 계약체결 등의 법률행위를 할 때 당사자 간의 신뢰관계만 믿고 근거서류를 정확히 작성하지 않는 관행과 비용 및 시간이 많이 드는 민사재판보다 채무자에 대한 위력이 강한 형사고소를 선호하는 데에서 원인을 찾을 수가 있을 것입니다.

고소사건에서의 고소인은 범죄의 피해자라는 사회적 인식의 결과, 피고소인은 죄인취급을 받는 경우가 종종 있으며 범죄혐의가 없는 피고소인이라고 할지라도 조사과정에서 공권력 앞에서 심리적으로 위축되어 기소될지도 모른다는 불안감 때문에 자백과 합의를 종용당하기도 합니다. 이러한 고소제도는 수사의 단서제공이라는 본래의 기능이외에 고소남발로 인한 피고소인의 인권침해와 수사기관의 과중한 업무부담의 원인으로 작용하고 있는 바, 이에 대한 합리적 개선책의 제시가 무엇보다 시급한 실정입니다.

원래 형사소송법상 고소는 범죄의 피해자 및 그와 일정한 관계에 있는 자가 수사기관에 대하여 범죄사실을 신고함으로써 범인의 처벌을 구하는 의사표시로서 피해자에 대한 권리로서의 성질과 국가와 범죄피해자 사이에 존재하는 공법상의 관계로서 일종의 법적 지위 내지 권능으로서의 성질을 함께 가지고 있으며 권리로서의 고소권은 다시 고소가 형벌 필요성을 결정한다는 점에서 실체권이라고 보는 입장과 소추조건에 지나지 않는다는 절차권설로 나뉘고 있습니다. 고소는 외적으로는 소송조건으로 기능을 하지만 그 안에는 표현된 피해자의 보복욕구는 실체권적 성질을 함께 가지고 있고, 고소 제기 전에도 제한적으로 수사가 가능하다는 점을 종합해 보면 절차권설이 타당합니다.

고소의 방식은 서면 또는 구술에 의하는 방법이 있으며, 고소를 받은 사법경찰관은 신속히 조사하여 범죄혐의가 인정되면 기소의견으로 관계서류와 증거물을 검찰에 송치하여야 하고 범죄혐의 인정되지 않으면 불송치 결정으로 경찰에서 사건을 종결할 수가 있습니다. 검사에게 송부하여 야 합니다. 검사는 사법경찰관으로 하여금 송치 받은 사건을 수사한 결과로 공소제기여부를 결정하여야 합니다. 따라서 수사기관은 고소가 무고나 중상을 목적으로 하는 것은 아닌지 또 그 사건 외에 다른 범죄가 있는 것은 아닌지 주의하여 수사하여야 합니다.

검사는 고소사건을 수사하여 수사결과 범죄의 객관적 혐의가 충분하고 소송조건을 구비하여 유죄판결을 받을 수 있다고 인정한 때에는 공소를 제기하지만, 범죄사실에 대하여 객관적 혐의가 없거나 범죄가 성립하지 않거나 소송조건이 결여되었거나 형이 면제되는 경우 불기소처분을 할 수 있습니다. 이밖에 범죄혐의가 인정되어도 범인의 연령, 성행, 지능과 환경, 범행의 동기, 수단과 결과 등을 참작하여 기소유예처분을 할 수 있습니다. 이러한 검사의 불기소처분에 대해서 고소인은 그 검사 소속의 지방검찰청이나 지청을 거쳐 관할 고등검찰청 검사장에게 항고를 할 수 있고, 그 항고를 기각하는 처분에 불복하는 항고인은 다시 검찰총장에게 재항고 할 수 있고 고등법원에 재정신청을 할 수 있습니다.

고소는 수사기관에 대한 범죄사실의 신고입니다. 따라서 수사기관이 아닌 법원에 대해 진정서 등을 제출하거나 피고인의 처벌을 바란다고 증언하는 것은 고소가 아닙니다. 고소는 서면에 의하여야 하며, 구술에 의한 고소가 있는 경우에는 조서를 작성하여야 합니다. 이 경우에 조서는 반드시 독립된 조서가 아니라 하더라도 수사기관이 고소권자를 증인 또는 피해자로서 신문하고 그 진술에서 범인의 처벌을 요구하는 의사표시를 조서에 기재한 경우에는 고소 요건이 구비되었다고 볼 수 있습니다. 이러한 고소는 모든 범죄에 있어서 수사단서로 되지만 특히 친고죄에 있어서는 소송조건으로서 고소 없는 공소제기는 효력이 없고, 고소가 있는 공소제기도 고소의 취소가 있는 경우에는 공소를 기각하여야 합니다.

형사고소는 범죄사실을 신고하는 것으로 고소의 대상인 범죄사실이 특정되어야 하며, 그 특정의 정도는 고소인의 의사가 구체적으로 어떤 범죄사실을 지정하여 범인의 처벌을 요구하고 있는가를 확정할 수 있는 정도면 족하며, 고소인이 범행의 일시, 장소, 방법이나 죄명까지 상세히 지적할 것을 요하지 않습니다. 그러므로 범인의 성명이 불명확하거나 오기가 있거나, 범행의 일시 장소 방법 등이 명확하지 않거나, 틀린 곳이 있어도 고소의 효력에는 영향이 없습니다. 이와 관련하여 "고소인이 피고소인들이 저지른 불법행위에 대하여 고소를 제기함에 있어 법의 무지로 비록 죄명을 잘못 적었다고 하더라도 그 고소의 내용이 객관적인 사실관계를 거짓 없이 신고한 것인 이상 무고죄가 된다고 할 수 없다." 라는 판례가 있습니다.

2. 범죄사실 특정방법

범죄 사실에 대한 신고(고소)만 있으면 범인이 누구인가를 적시할 필요도 없습니다. 또 지정한 범인이 진범이 아닌 경우 그 고소의 효력에는 영향이 없고 진범에 대하여 유효합니다. 다만 상대적 친고죄에 있어서는 신분 관계있는 범인의 지정을 요합니다. 만약 범죄사실을 특정한 고소가 없는 경우에는 공소사실에 대해 적법한 고소가 없으므로 그에 기한 공소제기의 절차는 법률의 규정에 위반하여 무효인 때에 해당합니다.

형사고소는 범인의 처벌을 구하는 의사표시입니다. 피해사실을 신고(고소)함에 그치고 범인의 처벌을 구하지 않는 경우(예컨대 도난신고, 피해전말서의 제출)는 고소가 아닙니다. 이와 관련하여 고소인과 피고소인 사이에 작성 된, "상호간에 원만히 해결되었으므로 이후에 민·형사간 어떠한 이의도 제기하지 아니할 것을 합의한다" 는 취지의 합의서가 제1심 법원에 제출되었으나, 고소인이 제1심에서 고소취소의 의사가 없다고 증언을 하였다면 위의 합의서 제출로 고소취소의 효력이 발생하지 않는다고 대법원은 판시하고 있습니다.

실질적으로 범인의 처벌을 원하는 의사표시가 인정될 때에는 반드시 고소의 문언을 갖추고 있지 않아도 고소라고 인정됩니다. 다시 말해서 친고죄의 고소권자는 고소가 없으면 기소할 수 없다는 것을 알 필요는 없고, 범인의 처벌을 원한다는 의사가 분명하면 고소를 인정하기에 충분합니다. 이를테면 사법경찰관이나 검사가 작성한 피해자에 대한 진술조서의 기재 중에 "피의자의 처벌을 원하는가요?" 라는 물음에 대하여 "법대로 처벌하여 주기 바랍니다." 로 되어있고, 이어 "더 이상 할 말이 없는가요?" 라는 물음에 대하여 "젊은 사람들이니 한 번 기회를 주시면 감사하겠습니다." 로 기재되어 있다면 피해자의 진술취지는 법대로 처벌하되 관대한 처분을 바란다는 취지로 보아야 합니다. 처벌의 의사를 철회한 것으로 볼 것은 아니라는 대법원의 판례가 있습니다. 이와는 반대로 강간 피해자 명의의 "당사자 간에 원만히 합의되어 민·형사상 문제를 일체 거론하지 않기로 화해가 되었으므로 합의서를 제1심 재판장 앞으로 제출한다." 라는 취지의 합의서 및 피고인들에게 중형을 내리기보다는 법의 온정을 베풀어 사회에 봉사할 수 있도록 관대한 처분을 바란다는 취지에 대한 탄원서가 제1심에 법원에 제출되었다면 이는 결국 고소의 취소가 있은 것으로 보아야 한다는 대법원의 판시가 있습니다.

피해자가 검사에게 "상대방의 엄중한 처벌을 원합니다만 고소는 하지 않겠습니다." 는 진술을 하여도 피해자는 법률지식이 없기 때문에 고소를 뭔가 특별한 소송처럼 생각해서 처벌은 원하지만 고소는 하지 않는다고 진술한 것에 지나지 않으므로, 전체취지로서 범인의 처벌을 원하는 것일 때에는 고소의 취지로 해석할 수가 있다는 사례, 피해자가 사법경찰관에게 "이런 나쁜 놈은 엄중히 처벌해 주시기를 바랍니다. 이를 위한 저의 고소장이 필요하다면, 지금 당장이라도 구두(말)로 고소하겠으니 두 번 다시 이런 일이 일어나지 않도록 처벌해 주십시오." 라는 진술도, 후단은 고소의 형식에 관한 불안 때문에 불필요한 사족을 단 것에 지나지 않음이 분명하므로 전후일관하여 파악하면 피해자가 범인에 대한 처벌을 요구하는 의사를 명확히 표시하고 있는 사실을 부정할 수 없다는 사례도 있습니다.

고소는 고소권자의 자유의사에 의해 이루어질 것을 요하지만, 자발적으로 했는가, 타인의 유도에 의해서 했는가 여부는 고소의 효력과는 관계가 없습니다. 고소권자가 고소하기에 이른 동기나 고소에 의해 기대하는 목적의 일부분(예를 들어 채권회수) 역시 고소의 내용을 이루는 것이 아니기 때문에 고소의 효력에 영향이 없습니다. 고소는 법률행위적 소송행위로서 의사표시를 할 수가 있는 소송능력(예컨대 고소능력)이 있어야 합니다. 고소능력은 고소의 의미를 이해할 수가 있는 사실상의 능력으로서 민법상의 행위능력과 구별됩니다. 구체적으로는 피해를 입은 사실을 이해하고 고소함으로써 이후 발생하는 자기 사회생활상의 이해득실을 어느 정도 파악할 수 있는 판단능력을 가지고 있는 것이 필요합니다. 따라서 고소능력이 없는 고소인의 고소는 당연히 무효입니다.

따라서 고소는 고소권 있는 자만이 할 수 있습니다. 형사소송법이 정한 고소권자에는 범죄의 피해자, 피해자의 법정대리인, 피해자의 배우자 친족, 그리고 지정 고소권자가 있습니다. 한편 범죄로 인한 피해자는 고소권을 가집니다. 그러나 자기 또는 배우자의 직계존속은 고소하지 못합니다. 다만 성폭력 특별법에서는 자기 또는 배우자의 직계존속에 대해서도 고소할 수가 있도록 규정하고 있습니다(성폭력범죄의처벌 및 피해자보호 등에 관한 법률제18조). 고소권자가 되는 피해자는 범죄로 침해된 법익의 직접적인 귀속주체이어야 합니다. 법익의 귀속주체는 자연인뿐만 아니라 법인, 지방자치단체, 법인격이 없는 사단 및 재단을 포함합니다. 직접 피해자에 국한되고 간접적으로 피해를 입은 사람은 제외됩니다. 범죄에 의한 간접적 피해자도 포함을 하게 되면 고 소권자에 대한 범위가 불명확해지고 법적 안정성을 해할 우려가 있기 때문입니다.

예컨대 처의 명예를 훼손당한 남편 등이 이에 해당합니다. 그리고 개인적 법 익이 침해된 경우에 고소권이 발생하는 것이 원칙이지만, 사회적 법익이나 국 가적 법익이 침해된 경우에 범죄의 수단이나 범죄행위의 객체가 된 자에게는 피해자로서 고소권이 발생할 수 있습니다. 예를 들면, 공무집행방해죄에서 폭 행을 당한 공무원, 방화죄에서 소훼된 건물의 소유자 등이 포함됩니다.

3. 수사의 허용 여부

고소는 범죄의 구성요건이 아니고 고소의 유무가 범죄의 성부에 하등의 영향 도 미치지 않기 때문에 수사기관은 범죄의 혐의가 있다고 생각될 때에는 필 요한 수사를 행할 수 있습니다. 결론적으로 친고죄는 가해자와 피해자의 자율 적인 갈등해소와 사생활의 비밀을 보장하기 위해 국가형벌의 개입을 자제하 는데 그 목적이 있으므로, 고소가능성이 전혀 없는 경우, 예컨대 고소기간의 경과로 고소권이 소멸하거나, 고소취소나 합의서 등의 제출로 처벌을 희망하 지 않는 의사표시가 명백한 경우에는 일체의 수사를 허용하지 말아야 합니다. 그리고 고소기간이 남아있는 경우에 원칙적으로 기본권침해가 없는 임의수사 만을 허용하되, 강간죄와 같은 폭력범죄의 경우에 한 하여 피해자의 고소가능 성이 있으면 강제수사를 허용하는 것이 수사비례원칙에도 합당합니다.

4. 고소의 방식

고소는 서면 또는 구술(말)로 수사권이 있는 사건에 대해 검사 또는 사법경찰관에게 하여야 합니다. 한편 검사 또는 사법경찰관이 구술(말)에 의한 고소를 받은 때에는 조서를 작성하여야 합니다. 고소조서에는 처벌을 희망하는 의사표시만 있으면 되기 때문에 반드시 독립된 조서일 필요는 없습니다. 참고인으로 조사하는 과정에서 고소권자가 처벌을 희망하는 의사표시를 하여 참고인진술조서에 기재하더라도 유효한 고소가 될 수가 있습니다. 그러나 전보 또는 팩시밀리에 의한 고소는 별도 조서가 작성되지 않는 한 고소의 효력을 가지지 못합니다. 다시 말해 사법경찰관이 고소를 받은 때에는 신속히 조사하여 피의자에 대한 범죄혐의 인정되면 기소의견으로 검찰에 관계서류와 증거물을 송치하여야 하고 범죄혐의 인정되지 않으면 불송치 결정을 할 수 있습니다.

따라서 고소는 대리에 의해서도 가능합니다. 한편 대리와 대표는 구별하여야 합니다. 법인의 대표자는 고소권자인 법인의 기관으로서 특별한 규정 없이도 당연히 고소 등을 할 수가 있습니다. 대리에는 고소권자의 수권이 필요하고, 수권은 위임사항을 한정하여 할 수도 있고 포괄적으로 할 수도 있습니다. 고소에 대해서만 수권을 받은 대리인은 당연히 고소의 취소의 권한이 없기 때문에 고소의 취소에 관하여는 새로운 수권이 필요합니다. 따라서 대리인의 자격에 대해서는 제한이 없으며 변호사임을 요하지 않으며 의사능력이 필요한 것도 아닙니다.

5. 고소의 기간

친고죄에서는 범인을 알게 된 날로부터 6월을 경과하면 고소하지 못합니다. 이에 대한 예외로 성폭력특별법에서는 정한 성폭력 범죄의 고소기간은 1년입니다. 친고죄의 고소는 소송조건이므로 공소제기의 여부를 오랫동안 사인의 의사에 맡겨 불확정한 상태에 두는 것을 막기 위한 것입니다. 따라서 친고죄가 아닌 비친고죄에 대해서는 고소기간의 제한이 없습니다.

고소기간의 시기는 범인을 알게 된 날입니다. 따라서 '범인을 알게 된 날' 이란 범죄행위의 종료 후의 날을 지칭하고 고소권자가 범죄의 계속 중에 범인을 알아도 그 날을 고소기간의 기산일로 할 수는 없습니다. 특히 체포 감금죄, 약취·유인죄와 같은 계속범에서는 그 범행계속 중에 피해자가 그 범인을 알아도 그 지배하에 있는 한, 고소를 할 수 없기 때문입니다. 다시 말해 포괄

일죄의 경우에는 그 최종 범죄행위의 종료 시 이후, 결과의 발생을 요건으로 하는 범죄에 대해서는 결과발생 시 이후, 공범의 경우에 교사범 방조 범에 대해서 정범의 범죄행위종료 후의 시기가 기산점이 될 것입니다.

범인은 정범뿐만 아니라 교사범과 종범을 포함합니다. 수인의 공범이 있는 경우에는 공범 중의 1인을 아는 것으로 충분합니다. 여기에 대해서 공범에 있어서 고소기간의 시기는 알려지지 않은 공범이 날을 달리하여 순차로 고소권자에게 판명된 경우 각 개인마다 고소 기간을 기산해야 한다는 견해가 있습니다. 고소권자의 의사를 존중한다는 취지에서 볼 때는 고소는 범죄사실에 관련된 모든 범인을 되도록 처벌 하려는 것이므로 각 범인마다 고소기간이 기산되게끔 풀이하여야 한다는 것을 이유로 하며 그렇지 않으면 정범을 알게 되어 6개월이 지나서야 교사범을 알게 된 경우에는 후자를 고소하지 못합니다. 그러나 단순히 처벌의 편의만을 위하여 범인마다 고소기간을 달리 진행시킬 수는 없고 고소는 범인에 대한 것이라기보다 범죄사실에 대한 것입니다.

따라서 범인을 알게 되었을 것을 요하기 때문에 단순히 범죄사실을 아는 것만으로는 고소기간이 진행되지 않습니다. 한편 범인을 알게 된 날이란 적어도 범인이 누구인가를 특정할 수 있을 정도로 알게 된 날을 말하며, 반드시 범인의 주소 성명까지 알 필요는 없습니다. 이는 수사과정에서 밝혀야 할 내용입니다. 범인을 알게 된 날로부터 고소기간이 진행되지만 아직 범죄가 종료되지 아니한 때에는 고소기간이 진행되지 않습니다.

6. 사건의 이송

고소사건은 원칙적으로 고소를 수리한 사법경찰관리, 검사가 소속한 수사기관에서 수사 처리하는 것이 원칙이지만, 첫째, 관할구역 이외의 사건으로 토지관할을 갖는 수사기관에서 처리하는 것이 적당할 경우, 둘째, 동일인에 대하여 고소 또는 고발사건이 2인 이상의 수사기관에 계속 중이어서 관계 사건으로 일괄처리하는 것이 타당하다고 인정되는 경우, 셋째, 기타 특히 이송을 요한다고 인정되는 사건에 대해서는 다른 수사기관으로 이송해야만 합니다. 다만, 부동산강제집행효용침해죄, 경계침 범죄의 고소 · 고발사건에 대해서는 사안의 성질상 부동산의 소재지를 관할하는 수사기관이 수사를 하는 것이 타당합니다. 고소사건의 이송에서는 고소인에게 그 사유를 설명해주어야 합니다.

7. 수사의 실시

따라서 고소사건에 대해서는 될 수 있는 한 조기에 실질적 수사에 착수하여 지체 없이 필요한 수사를 수행하여야 합니다. 수사가 지체될 경우 사안에 따라서는 수사의 시기를 놓쳐 사건의 성부에 큰 영향을 미칠 수 있기 때문입니다.

사법경찰관은 신속히 수사하여 피의자에 대해 범죄혐의 인정되면 기소의견으로 검찰에 송치하여야 하고 피의자에 대한 범죄혐의가 인정되지 않으면 불송치 결정을 할 수가 있습니다. 고소에 관계된 범죄 사실은 경미한 것도 있지만, 그 배후에는 중대한 범죄가 은폐된 경우도 적지 않기 때문에 수사에 있어서는 고소사건의 형식적 수사에 그칠 것이 아니라 또 다른 범죄의 유무에 대해서도 주의하여 수사하여야 합니다.

8. 고소인의 조사

고소인의 조사는 주로 고소사건을 명확히 할 목적으로 이루어지기 때문에 원칙적으로 피고소인의 진술조서에 앞서 실시됩니다. 그 결과에 따라 피고소인을 조사하고 쟁점을 파악 정리하여 수사방침을 세우게 됩니다. 피고소인을 조사한 후, 새로운 쟁점이 나타나면 고소인을 다시 소환하여 조사할 필요가 생길 수도 있습니다. 고소가 있는 경우 우선 사안의 개요 및 쟁점을 명확히 할 필요가 있으며, 이를 위해서 고소인 본인의 조사는 빠뜨릴 수 없습니다. 따라서 변호사를 대리인으로 하는 사건에서 변호사로부터 사정을 청취하여 쟁점을 정리하는 것도 효과적이지만, 이러한 경우에도 고소인의 조사를 생략할 수 없는 경우가 많습니다.

보통 고소인은 자기에게 유리한 주장을 하는 경우가 많기 때문에 수사를 담당하는 수사관은 고소인의 진술에 현혹이 되지 않고 사안의 진상을 파악하여야 합니다. 이를 위해서는 우선 널리 증거를 수집, 확보하고 고소인의 진술이 증거자료와 객관적으로 합치하는가를 신중히 검토할 필요가 있습니다.

9. 피고소인의 조사

피고소인에 대해서는 범죄가 성립하지 않는 경우도 있고, 도주 중인 경우도 있어 피고소인 전원에 대해 입건, 수사, 처리할 수가 없는 경우가 많습니다. 그러나 소재가 판명된 자는 전원 조사하여야 합니다. 다만 고소 사실과 전혀 관계가 없음이 명확한 사건에 대해서는 사건과 관계가 없다는 진술서의 제출을 요구한다든가, 조사를 전면 생략하는 것도 가능합니다. 한편 피고소인에 대해서는 우선 고소사실의 쟁점에 대하여 그 반론, 변론을 충분히 듣고 증거자료에 부합하는가를 따져 사실관계를 명확히 하여야 합니다.

또한 수사를 담당하는 사법경찰관으로서는 피고소인에 대해서 고소사건과 관련하여 달리 고소되거나 반대고소한 사실의 유무, 내용을 조사하여 사건의 진상해명에 노력하여야 합니다. 고소사건에서 피고소인을 강제수사할 이유와 필요가 있을 때에는 체포 또는 구금할 수 있습니다. 그러나 그 판단은 어디까지나 수사를 담당하는 수사관이 하여야 하고 고소인의 의사와 요청에 의하여 강제수사를 하는 것은 절대 피하여야 합니다.

10. 물적 증거 수집 및 검토

수사를 담당하는 수사관은 당사자의 주장, 변론에 대해서 가능하면 이와 부합하는 물적 증거를 수집하여 사안의 진상을 명확히 하여야 합니다. 특히 증거물 중에서 서면의 증거가 되는 경우에 그 해석을 둘러싸고 고소인 측과 피고소인 측 사이에 견해가 정반대로 나뉘는 경우가 있어 관계자의 진술, 다른 물증과 비교를 통하여 올바른 해석을 도출하는 등 대질조사를 실시하여야 합니다.

고소는 다른 분쟁의 해결촉진과 관계자들의 불순한 그 동기로 이루어지는 경우가 적지 않고 허위 또는 현저히 과장된 것도 있기 때문에 그 내용을 충분히 검토하지 않고 피고소인을 조사한다면 관계자의 명예를 훼손하고 수사권 남용의 비난을 초래할 수 있습니다. 따라서 수사에 있어서는 사건의 실체를 충분하게 파악하는 것부터 시작하여 처리의 적정을 기하지 않으면 안됩니다.

수사관은 모든 사건을 엄정하고 공평하게 처리하여야 하지만, 특히 고소사건의 처리에서는 공정하고 신중할 필요가 있습니다. 고소사건에서 고소인은 손해의 배상을 받거나 원상회복을 받으려는 경우가 적지 않고 피고소인도 약점이 있어 화해에 의한 해결을 원하는 경우가 많기 때문에 수사관은 분쟁해결에 깊이 개입을 하는 것을 피하고 고소의 취소를 종용하거나 사건취급의 공정성을 의심케 하여, 당사자의 오해를 불러일으키지 않도록 해야 합니다.

제3절 범죄의 성립

형법상 범죄가 성립되기 위해서는 일차적으로 형법 등 법률에 정해 놓은 범죄에 해당해야 합니다. 이를 범죄구성요건에 해당한다고 부릅니다. 그러나 범죄구성요건에 해당한다 하더라도 항상 범죄가 되는 것은 아닙니다. 범죄가 되기 위해서는 그 행위가 위법해야 하고, 행위자에게 범죄결과에 대한 책임을 물을 수가 있어야 합니다. 범죄구성요건에 해당하는 행위가 위법해야 한다는 것은 범죄구성요건에 해당하지만 위법하지 않은 행위 유형도 있다는 것을 뜻합니다. 대표적인 것으로 정당방위나 긴급피난과 같은 것입니다.

예를 들어 사람을 죽였다면 이는 일차적으로 살인죄의 구성요건에 해당하지만, 자신을 살해하려는 사람으로부터 자기 생명을 지키기 위해 어쩔 수 없이 한 행동이라면 비록 외형은 살인이지만 법은 정당방위에 의한 행위로서 위법하지 않다는 판단을 내리는 것입니다. 이는 범죄가 되지 않습니다. 범죄구성요건에 해당하고 또한 위법하다 하더라도 범죄가 성립되기 위해서는 행위자에게 범죄 결과에 대한 책임을 물을 수 있어야 합니다. 이를테면 아무것도 모르는 5살 어린이가 가게 물건을 깨뜨린 것을 재물 손괴죄에 해당한다고 할 수는 없는 것입니다.

범죄가 성립된다고 하기 위해서는 책임을 질 만한 지적 능력과 인간적 성숙도가 필요합니다. 그러한 지적 능력과 성숙도가 있는 인간이 비난받을 만한 행위를 저질렀다면 그 때는 그에게 책임을 물을 수 있는 것입니다. 책임을 물을 수가 없는 또 다른 경우로서 저항할 수 없는 폭력에 의해 강요된 행위나 자기의 행위가 법령에 의하여 죄가 되지 않는 것으로 오인하였는데 이에 정당한 이유가 있는 경우 등이 있습니다. 범죄가 성립하면 여기에 형벌이 부가됩니다.

형법이 규정하고 있는 형벌에는 사형, 징역, 금고, 자격 상실, 자격 정지, 벌금, 구류, 과료, 몰수의 9가지가 있는데 징역, 금고, 구류는 수형자를 교도소에 구치하는 것인데, 징역은 일정한 일을 시키는데 반해 금고는 일을 하지 않고 수형됩니다. 한편 구류는 1일 이상 30일 미만을 교도소에 있는 경우입니다. 벌금과 과료는 일정한 금액을 강제적으로 납부하게 하는 형벌로 과료는 경미한 범죄에 대해 부과되어 금액이 적다는 점에서 벌금과 구별이 되고 과료는 과태료와도 구별해야 하는데, 과태료는 범죄에 대한 제재가 아니라 행정상 제재에 불과합니다.

1. 민사·형사 관계

똑같은 행위에 의해 생긴 문제일지라도 경우에 따라서 민사관계가 되기도 하고 형사관계가 되기도 하므로, 법을 잘 모르는 분들에게는 혼란스러운 문제일 수 있습니다. 민사관계와 형사관계를 혼동함으로써 가지게 되는 의문은 ①판사가 민사재판에서 내게 돈을 갚지 않아도 된다고 했는데, 검사는 왜 나를 교도소에 보내려고 하는가 ②내가 상대방보다 우수한 변호사를 선임하여 민사재판에서 이겼는데, 왜 상대방은 교도소에 가지 않고 버젓이 돌아다니고 있는가 ③남의 돈을 빌려 간 후 갚지 않는 자들은 당연히 교도소에 보내서 정신을 차리게 하여야 하지 않는가 ④상대방이 상해죄로 기소가 되어 유죄 판결까지 받았으니 곧 검찰에서 나의 치료비를 받아 주겠지라는 것은 민사관계로서 기본적으로 개인과 개인의 사적인 관계입니다.

따라서 해결절차는 누군가로부터 부당하게 손해를 입은 사람이 법원에 민사소송을 제기하면 법원이 그의 정신적·금전적 손해에 대하여 배상 등을 명하는 형태로 진행됩니다. 하지만 형사관계는 범죄를 저지른 개인과 형벌권을 지니고 있는 국가 사이의 관계입니다. 그러므로 검사가 국가기관을 대표해 범죄 혐의자를 대상으로 형사소송(공소제기)을 제기하면, 법원은 그에게 잘못이 있는지, 잘못이 있다면 형벌을 부과할 것인지, 형벌을 부과한다면 어떤 형태의 형벌을 얼마나 부과할 것인지를 결정하는 형태로 진행됩니다. 다시 말해서 민사소송과 형사소송은 별개의 문제를 다루는 서로 독립적인 절차입니다.

위의 ①에서 판사는 민사에 관한 판결을 내린 것입니다. 그러나 민사소송에서 승소했다고 형사적인 책임이 없는 것은 아닙니다. 따라서 형사소송에서 검사는 민사소송과 상관없이 수사해 피의자에게 범죄의 혐의가 있다고 판단되면 기소할 수 있습니다. ②에서도 마찬가지입니다. 교도소에 가도록 판결을 내리는 것은 형사소송이므로, 이 경우 '나'는 민사소송에서만 이긴 것입니다. 따라서 형사처벌까지 받게 하려면 별도의 고소를 제기하는 등 형사절차를 거쳐야 합니다. ③에서 남의 돈을 빌리고 갚지 않는 것만으로 교도소에 보낼 수는 없습니다. 돈을 안 갚는 것이 단순히 상대방에게 손해를 끼치는 것을 넘어서 사회 질서를 해치는 행동이 되는 때 비로소 형법의 규율 대상이 됩니다. ④는 반대의 사례로, 상해죄와 관련된 형사재판은 피고인에게 형벌을 주는 것으로 끝나고, '내'가 입은 손해는 손해와 관련된 민사소송을 따로 제기해 이를 배상받아야 합니다.

범죄로 피해를 입었을 경우에 형사절차와 민사절차를 적절히 이용하는 것은 권리 보호를 위해 중요한 일이지만, 사건의 성질상 민사관계임이 명백한데도 돈을 받아 내기 위한 수단으로 무조건 사기죄로 형사 고소를 하는 것은 삼가하는 것이 좋습니다. 무분별한 고소의 남발은 인간관계의 단절을 초래할 뿐만 아니라 막대한 수사력의 낭비로 이어져 결국 국민들의 부담으로 귀착되기 때문입니다.

2. 분쟁 해결 방식

법에 따라 분쟁을 해결하는 방법에는 분쟁 당사자들 사이에 중립적 제3자인 판사가 개입하여 해결책을 결정하고 이를 강제적으로 집행하는 소송과 소송의 단점들을 극복하기 위해 고안된 대안적 분쟁 해결 방식들이 있습니다. 분쟁이 생겼을 때 어떻게 해결해야 할지를 정식 재판절차와 간이절차, 대안적 해결방식들을 통하여 법률 분쟁에 대해 확인해야 합니다.

3. 소송을 통한 분쟁 해결

소송은 재판절차를 모두 밟는 정식절차와 그렇지 않은 간이절차로 나뉠 수 있습니다. 간이절차는 간단하고 편의적인 판결절차로, 형사소송의 약식절차와 즉결심판 절차, 민사소송의 소액사건 심판절차에서의 이행권고 결정과 지급명령 독촉절차를 들 수가 있습니다.

민사소송의 정식 재판절차에는 원고와 피고의 성명 및 소송의 목적 등이 밝혀진 소장이 법원에 제출됨으로써 재판이 개시되고, 공개된 법정에서 양측 당사자가 출석한 가운데 변론절차를 거쳐 법원이 판결을 내리면 재판은 마무리됩니다.

형사소송에서는 정식의 재판절차를 공판절차라고 부르는데, 이 경우에는 검사가 법원에 피고인 성명, 죄명, 범죄 일시·장소·방법, 적용할 법조항 등을 밝힌 공소장을 제출함으로써 재판이 시작됩니다. 이러한 정식절차는 재판의 기본이 되는 방식입니다. 정식절차에서는 재판 당사자가 증거를 제시하고 자신의 의견을 주장할 수 있는 충분한 기회를 제공하기 때문에 진실을 찾고 진정한 권리자를 가리는 데 가장 좋은 형태입니다.

복잡하고 빠르게 변화하는 현대 사회에서는 정식절차가 당사자에게 오히려 불편하고 손해가 될 수도 있습니다. 그래서 경미한 사건에서는 정식절차 대신 약식절차가 선호되는 경우가 많습니다. 약식절차는 경미한 사건의 경우에 피고인을 불러 심리를 하는 번거로운 절차를 생략하고, 검사가 제출한 서류만으로 재판장이 벌금이나 과료 또는 몰수의 형을 내리는 절차입니다. 약식절차에 따라 판사가 형을 선고하는 것을 약식명령이라고 하는데, 피고인이 약식명령에 대한 불복이 있을 때는 약식명령을 송달받은 날부터 7일(일주일) 이내에 정식재판을 청구할 수 있습니다.

4. 수사의 시작

수사기관(1.부패범죄 2.특정재산범죄 피해액이 5억 원 이상 사기 등 특정경제범죄의 수사권은 검찰에 있고, 그 밖의 사건의 수사권은 경찰에 있습니다)이 수사를 시작할 때 필요한 단서에는 별다른 제한이 없습니다. 수사기관은 피해자의 고소나 제3자의 고발 등을 통해 범죄 신고를 받을 수도 있습니다. 또 거동이 수상한 사람을 멈추어 질문을 하는 불심검문을 통해 범죄사실을 알게 될 수도 있습니다. 따라서 신고 등으로 변사체를 발견하여 이를 통해 범죄사실을 수사하게 될 수도 있습니다. 이렇게 다양한 방법으로 범죄 발생사실을 알게 되어 수사를 시작하게 하는 것을 수사의 단서라고 합니다. 범죄가 발생하면 수사기관은 이러한 수사단서를 통해 범인을 찾고 증거를 수집하기 위한 활동을 시작합니다.

5. 형사 고소

고소는 범죄의 피해자 또는 그와 일정한 관계에 있는 고소권자가 수사기관에 범죄사실을 신고(고소)하여 범인의 처벌을 원한다는 의사표시를 말합니다. 이와 달리 이러한 고소권자가 아닌 일반인이 하는 경우를 고발이라고 합니다. 또한 고소에서 중요한 것은 범인의 처벌을 원한다는 의사여부이기 때문에 범죄사실을 어느 정도 구체적으로 특정할 수 있어야 합니다.

따라서 고소는 고소장이라는 서면으로만 가능한 것이 아니라 검사나 사법경찰관에게 구술(말)로도 얼마든지 가능합니다. 구술로 고소를 한 경우에는 검사 또는 사법경찰관이 구술내용을 토대로 조서를 작성하도록 하고 있습니다.

형사고소는 기간에는 별다른 제한을 두고 있지 않지만 그 행사에 대해서는 제한을 두고 있습니다. 전통적인 가정 내 위계질서를 존중하기 위하여 자기 또는 배우자의 직계존속은 고소하지 못하도록 하고 있습니다.

6. 수사의 진행

수사기관(1.부패범죄 2.특정재산범죄 피해액이 5억 원 이상 사기 등 특정경제범죄의 수사권은 검찰에 있고, 그 밖의 사건의 수사권은 경찰에 있습니다)은 수사의 단서를 통하여 범인을 찾고 증거를 수집하게 됩니다. 이를 위하여 피의자나 참고인에게 진술할 것을 요구하기도 하고 영장을 발부 받아서 증거물을 수색하고 압수할 수 있습니다.

7. 피의자신문과 피고인 조사

수사기관은 피의자를 출석하도록 해 진술을 들을 수 있습니다. 이를 피의자신문이라고 합니다. 피의자는 수사기관의 출석요구에 대해 응할 의무가 없으며, 일단 출석한 경우에도 언제든지 나갈 수 있습니다. 그렇기 때문에 수사기관은 피의자가 정당한 이유 없이 출석이나 진술을 거부하거나 그럴 우려가 있는 경우에는 영장을 발부받아 피의자를 체포할 수가 있습니다. 헌법상 모든 국민은 진술거부권을 가지고 있습니다.

따라서 형사상 자기에게 불리한 진술을 강요당하지 않습니다. 그렇기 때문에 검사 또는 사법경찰관은 피의자를 신문하기 전에 일체의 진술이나 개개의 질문에 답하지 않을 수가 있고, 진술을 하지 않아도 불이익을 받지 않습니다. 또한 진술한 내용은 법정에서 유죄의 증거로 사용될 수 있다는 점, 신문을 할 때에 변호인을 참여시켜서 도움을 받을 수가 있다는 내용을 반드시 피의자에게 알려주어야 합니다.

수사기관은 피의자가 한 진술을 진술조서에 기록하고 이 조서를 피의자에게 보여주거나 읽어 주어서 진술한대로 기록되었는지 확인하게 하여야 합니다. 만약 피의자가 수정을 요구하면 이의를 제기한 부분은 그대로 두고 추가로 이를 조서에 기재합니다. 이후에 피의자가 조서에 서명 또는 기명ㆍ날인을 하게 됩니다.

피의자의 진술은 서면으로 기재하는 외에도 조사의 개시부터 종료까지를 영상녹화 할 수도 있습니다. 영상녹화도 조서와 같이 피의자가 그 내용을 확인하고 서명 또는 기명ㆍ날인하게 됩니다. 그러나 조서와는 달리 피의자 진술에 대한 영상녹화물은 제한된 범위에서만 증거로 사용됩니다. 아울러 수사기관은 수사에 필요한 때에 참고인의 출석을 요구하여 진술을 들을 수 있습니다.

참고인은 피의자 이외의 제3자로서 일정한 체험사실을 말한다는 점에서 증인과 비슷합니다. 그러나 출석하지 않으면 과태료가 부과되거나 구인되는 증인과 달리 제재를 받지 않습니다. 참고인의 진술은 피의자 진술조서와 같은 절차로 작성되고 증거로 사용됩니다.

8. 구속영장의 발부와 영장실질심사

체포에 비해 신체적 제약이 보나 장기간으로 계속되는 피의자에 대한 구속을 하는 경우에도 피의자가 죄를 범하였다고 의심할 만한 상당한 이유가 있고 일정한 구속사유가 있어야만 합니다.

9. 구속영장발부를 위한 사유

법관이 구속영장을 발부하기 위해서는 (1)피의자가 일정한 주거가 없는 경우 (2)피의자가 증거를 인멸할 염려가 있는 경우 (3)피의자가 도망하거나 도망할 염려가 있는 경우 중 어느 하나에 해당하여야 합니다

검사가 법관에게 구속영장의 발부를 청구한 경우에 법관은 피의자에게 구속영장을 발부할 필요가 있는지를 살펴보기 위하여 영장실질심사를 하게 됩니다. 과거에는 피의자 등이 신청을 하여야 하고 법관은 검사가 보낸 서류나 자료만을 검토하여 피의자의 구속여부를 결정하였지만 이제는 신청여부와 상관없이 법관이 피의자를 직면 대면하여 심문하는 영장실질심사를 거치고 난 후에 구속영장을 발부하게 되었습니다.

구속영장은 이미 체포된 피의자에 대하여 청구되는 경우와 체포 없이 바로 청구되는 경우가 있습니다. 체포된 피의자에 대하여 구속영장이 청구된 경우에는 판사는 지체 없이 구속영장이 청구된 날의 다음날까지 피의자를 심문하여야 합니다. 또한 체포 없이 바로 구속영장이 청구된 경우에는 판사가 피의자가 죄를 범하였다고 의심할 만한 이유가 있는 경우에 피의자를 구인하여 심문하게 됩니다.

이러한 영장실질심사를 통해서 피의자가 자신에게 유리한 사정을 법관에게 직접 말할 수 있도록 하여 과거에 비해 수사과정에서 발생하는 불법·부당한 부분을 크게 줄여 수사 단계부터 인권보호에 보다 충실하게 되었습니다. 구속영장의 청구를 받은 판사는 신속히 구속영장의 발부여부를 결정하여야 합니다. 만약 구속영장발부를 하지 않는 경우에는 체포된 피의자는 즉시 석방하도록 하고 있습니다. 구속영장을 발부 받으면 사법경찰관과 검사는 각각 피의자를 10일 씩 구속할 수 있으며, 검사는 판사의 허가를 받아 최대 10일을 넘지 않는 한도 내에서 1회 연장할 수 있습니다.

10. 수사의 종료

수사개시의 원인(수사단서)이 있을 때 진행되는 수사절차는 공소제기 여부의 결정이라는 목표를 위해 이루어집니다. 검사가 주재한 사건수사는 공소제기 또는 불기소처분의 형태로 종결됩니다. ①공소제기를 하는 경우 검사는 사법 경찰관으로부터 송치 받은 사건이나 직접 수사한 사건에 있어서 피의자에 대하여 법원이 유죄판결을 내릴 것이라고 판단되는 경우에 재판을 요청하는데 이를 공소제기 또는 기소라고 합니다. 다만, 벌금, 과료 또는 몰수에 처할 사건의 경우에 검사는 약식명령을 청구할 수 있고 20만 원 이하의 벌금 또는 구류나 과료에 처할 경미사건의 경우에는 예외적으로 경찰서장이 시·군법원에 즉결심판을 청구하여 수사절차가 종결되기도 합니다. ②불기소처분을 하는 경우 검사가 사건을 수사한 결과 피의자에 대하여 공소를 제기하지 않기로 결정한 경우 사건을 기소하지 않고 사건을 종결하는데 이를 불기소처분이라고 합니다. 이러한 처분에는 협의의 불기소처분과 기소유예로 나누어집니다.

11. 불기소처분에 대한 이의제기

(가) 항고·재항고

기소유예를 포함한 불기소처분을 받아들일 수 없는 고소인 또는 고발인이 검찰 내부적으로 해결을 요구하는 것이 고등검찰청 검사장에게 30일 내에 항고를 할 수 있고, 항고기각이 된 경우 30일 내에 대검찰청에 재항고를 제기할수 있고, 10일 내에 고등법원에 재정신청을 할 수 있습니다.

(나) 고등법원 재정신청

불법·부당한 검찰권 행사에 대해 시민의 불만을 수렴하기 위하여 두고 있는 별도의 안전장치가 바로 재정신청제도입니다. 이런 경우를 대비하여 법률에서는 헌법상 신분이 보장되고 직무활동의 독립성이 담보되는 법관으로 하여금 검사의 불기소처분에 대하여 불법·부당 여부를 판단하도록 하고 있습니다. 우선 검사의 불기소처분에 대해 검찰항고를 한 후에만 재정신청이 가능합니다.

항고에 대해 고등검찰청 검사장의 항고에 대한 기각처분이 있는 경우에 비로소 고등법원에 재정신청을 할 수 있습니다. 항고기각 결정을 통지 받은 날로 부터 10일 이내에 지방검찰청 검사장 또는 지청장에게 재성신청서를 제출하여야 합니다. 이러한 재정신청서는 관할 고등법원으로 보내지는데 법원은 재정신청서를 송부 받은 날로부터 3개월 이내에 결정을 하게 됩니다.

공소제기 결정을 하게 되는 검찰청은 담당검사를 지정하고 공소를 제기하도록 하고 있습니다. 그러나 재정신청은 고소인만 가능하고 피의자나 고발인은 할 수 없다는 문제가 있습니다.

12. 재판의 진행

법원은 검사가 기소한 사건에 대하여 공판을 열어 재판을 하게 되고 공판을 열기 전에 재판장이 효율적이고 집중적인 심리가 필요하다고 판단되는 경우에 한하여 법원의 주도 하에 검사, 피고인 또는 변호인의 의견을 들어 사전에 사건의 쟁점과 증거를 정리하는 것을 공판준비절차라고 합니다.

공판준비절차에서는 검사와 변호인이 반드시 출석하여야 합니다. 그러나 피고인의 출석은 필수적인 것이 아니기 때문에 변호인이 없는 경우에는 법원은 국선변호인을 선정합니다. 그러나 피고인은 법원의 소환이 없어도 공판준비기일에 출석할 수 있습니다. 공판준비절차에서는 공소 내용에 대해 내용이나 법 적용의 변경이나 주장을 보다 명확하게 하는 쟁점정리, 양측이 사용할 증거를 신청하고 각각의 증거와 관련한 취지와 내용을 명확하게 하는 등의 증거조사, 관련 서류 등의 열람·등사를 하는 증거개시와 공판일정을 조정하는 심리계획의 책정 등이 이루어진다.

공판기일절차와 공판준비절차 등이 완료되면 재판장은 공판기일을 정하여 이를 검사와 피고인 측에게 알려주게 됩니다. 공판기일에는 법원은 피고인에게 출석할 것을 명하게 되는데 이는 의무로 위반시 구속영장이 발부되는 등의 불이익이 가해지게 됩니다.

제4절 민원의 실질적 해소방안

민원인이 상대방에게 빌려준 돈을 받지 못하거나 상대방이 약속한 채무를 이행하지 아니하는 등의 사유로 검찰에 고소·고발장을 제출한 경우 민원인을 민사적으로 도와주기 위한 제도입니다.

다시 말해 형사 고소·고발 절차와는 별도로 실제 돈을 빌려준 상대방이나 채무를 이행하지 아니한 상대방에게 법률구조공단을 통하여 합의를 권유하거나 소송을 제기하여 돈을 되돌려 받거나 채무를 이행하게 하는 제도입니다.

법무부에서는 이 방안을 마련하여 2000. 4. 1.부터 전국 검찰청에서 실시하고 있습니다.

1. 왜 이런 제도를 시행하는 가

빌려준 돈을 받지 못하거나 채권을 행사하지 못하게 된 민원인은 검찰에 상대방을 사기 등으로 고소·고발하는 경우가 많이 있습니다.

그러나 비록 상대방이 돈을 갚지 않는다고 하여도 처음부터 민원인의 돈을 빼앗기 위한 의도로 민원인을 속여 그러한 행위를 하지 않는 한 형사적으로 사기죄가 된다고 볼 수 없는 경우가 많이 있습니다.

또한 상대방에게 사기죄가 성립된다고 하여도 검찰은 범죄자에게 형사적으로 벌을 가하는 기관이지 돈을 받게 하여주는 기관이 아닙니다. 이러한 민원인의 오해를 불식하고 법적용과 현실 사이의 괴리를 해소하기 위하여 비록 상대방을 형사적으로 처벌할 수는 없으나 억울한 피해를 입은 민원인을 민사적으로 도와주기 위하여 이 제도를 마련한 것입니다.

2. 어떠한 경우에 민원인이 도움을 받을 수 있나

(1) 민원인이 검찰에 제출한 고소·고발장의 내용

◉ 돈을 빌려주었다가 받지 못한 경우

◉ 상대방이 임금을 지불하지 아니한 경우

◉ 상대방이 공사대금등 대금지불의무를 이행하지 아니한 경우

◉ 기타 상대방이 약속한 의무를 이행하지 아니한 경우 등 민사적으로 해결이 가능한 사안인 경우에 적용됩니다.

(2) 위와 같은 사안은 민원인이 검찰에 고소·고발장을 제출하여도 민사적으로 해결하여야 할 사안이라는 이유로 검찰에서는 죄가 되지 아니한다고 판단할 가능성이 대단히 높습니다.

(3) 이에 따라 억울한 일을 당한 민원인이 법률상의 이유로 아무런 피해회복도 되지 못하는 사례를 방지하기 위하여 검찰은 법률구조공단과 협조하여 민원인을 민사적으로 도와주는 제도를 시행하는 것입니다.

3. 어떠한 민원인이 도움을 받을 수 있나

민원인이 제출한 고소·고발장이 민사적으로 해결 가능한 것이라 하여도 민원인이 법률구조대상자에 해당할 경우에 한해서 도움을 받을 수 있습니다.

(가) 법률구조대상자

◉ 월평균 수입이 150만 원 이하의 근로자 및 영세상인

◉ 농어민, 6급 또는 6급 상당 이하의 공무원

◉ 국가보훈대상자, 위관급 장교 이하의 군인

◉ 월 평균 수입 150만 원 이하의 국내거주외국인(다만, 임금등 근로관계로 발생한 사건에 한정)

◉ 물품의 사용 및 용역의 이용으로 인하여 피해를 입은 소비자 생활보장수급자, 소년·소녀가장, 장애인, 기타 영세민입니다.

(나) 법률구조대상자인지 증명하기 위하여는 증명서류가 필요

◉ 농어민 : 시·군·읍·면장 발행의 증명서류 혹은 농·수협 발행의 회원증명서

◉ 근로자 : 근로소득원천징수영수증 혹은 건강보험료 납입영수증 등 월평

균 수입이 150만 원 이하임을 증명하는 서류

※ 월평균수입은 보너스·수당등을 모두 합한 보수액을 말합니다.

⊙ 영세상인 : 월평균수입이 150만원 이하임을 증명하는 세무서장 발행의 소득

⊙ 금액증명서, 건강보험료납입영수증, 국민연금관리공단에서 발생하는 이력요약/가입증명서

⊙ 공무원·군인 : 재직증명서 또는 공무원증·신분증 사본

⊙ 국가보훈대상자 : 국가유공자 또는 그 유족임을 증명하는 증명서

⊙ 생활보장수급자 : 생활보장수급자 증명서

⊙ 소년·소녀가장 : 호적등본 등

⊙ 장애인 : 장애인수첩 사본 또는 의사 발행의 장애진단서

⊙ 기타 영세민 : 소득금액증명서, 지방세세목별과세증명서, 건강보험료납입영수증, 주택임대차계약서 사본 등

※ 민원인이 호주 또는 세대주가 아닌 경우에는 의뢰자 본인이외에 그 부모의 자력을 고려하는 등 가(家)를 단위로 판단합니다.

4. 구체적인 절차는 어떻게 진행되나

(1) 검찰청에 직접 고소·고발을 제기하는 경우

⊙ 민원인이 고소·고발장을 검찰에 제출하면 민원전담검사 혹은 공익법무관과 상담하게 됩니다.

⊙ 상담시 민원전담검사 혹은 공익법무관은 고소·고발장 내용이 민사사안에 해당하는지 여부를 확인합니다.

⊙ 고소·고발장 내용이 민사사안에 해당한다고 판단하는 경우 민원전담검사 혹은 공익법무관은 민원인에게 고소·고발을 계속 유지할 것인지, 고소·고발을 취소하거나 고소·고발과 함께 민사적으로 피해변제를 받을 것인지 등에 대하여 묻습니다.

◉ 민원인은 자신의 자유의사에 따라 고소·고발의 유지 혹은 취소 및 민사적 피해변제신청 의사를 표시합니다.

◉ 민원인이 민사적 피해변제를 받고자 희망하는 경우 공익법무관의 안내에 따라 관할 법률구조공단을 통하여 피해변제를 받을 수 있도록 도와 드립니다.

(2) 경찰에 고소·고발한 후 검찰에서 수사 중인 경우

◉ 수사 주임검사와 상의하여 민사적 피해변제를 받을 수 있도록 안내받아 공익법무관과 상담하고 법률구조공단을 통하여 피해변제를 받을 수 있도록 도와 드립니다.

5. 법률구조공단에서의 절차는 어떻게 진행되나

민원인이 민사적 피해변제를 받고자 원하면 공익법무관 혹은 법률구조공단 직원에게 법률구조신청서와 함께 본인의 주민등록등본과 법률구조대상자임을 증명할 자료, 그리고 구체적 피해내역을 입증할 자료를 제출합니다.

※ 구체적 입증자료에 대해서는 공익법무관의 안내에 따라 제출하시면 됩니다. 법률구조공단에서는 민원인에게 분쟁에 대한 문제점과 해결방법을 제시하여 당사자 간에 원만한 합의를 이룰 수 있도록 권유합니다.

합의가 성립되지 아니할 경우에는 법률구조공단에서는 민사소송을 할 것인지 여부를 결정하고, 소송을 하기로 결정한 경우 변호사 혹은 공익법무관이 민원인을 위하여 소송을 수행하여 줍니다.

만일 법률구조공단에서 소송을 하지 않기로 결정한 경우에는 민원인은 이에 불복하여 이의신청을 할 수 있습니다.

6. 소송비용 등은 어떻게 되나

소송을 하지 않고 법률상담이나 합의로 종결된 사건은 일체의 비용을 받지 않습니다.

소송물가액이 1,000만 원 미만이고 비교적 간단한 사건에 대하여는 공단으로부터

법원에 제출하는 소장 등의 서류를 작성 받아 본인이 소송을 진행할 수 있습니다.

이 때 서류작성 비용 및 변호사비용은 없고 인재대·송달료 등 법원에 제출하는 실비만 부담하면 됩니다.

변호사 비용은 패소하거나 소송물가액이 1,000만 원 이하의 소장 등 서류작성 구조사건인 경우에는 지불하지 아니하며, 승소 시 승소가액을 기준으로 지불하게 됩니다.

※ 변호사비용은 승소 시 승소가액을 기준으로 산정되며, 패소하는 사건에 대하여는 변호사비용이 발생하지 않습니다.

7. 소송비용 산정기준

소송가액 소송비용 500만 원 48,000원, 1,000만원 73,000원입니다.

8. 변호사비용 산정기준

소송가액 변호사비용 500만 원 약 13만 원, 1,000만 원 약 26만 원. 3,000만 원 약 68만원입니다.

특히 법률구조대상자 중 다음 사람은 일체의 비용을 지불할 필요 없이 무료로 법률구조를 받을 수 있습니다(다만, 승소금액이 2억 원 이하인 경우에 해당합니다).

◉ 농민, 어민, 축산인

◉ 생활보장수급자, 소년 · 소녀가장, 장애인, 국가보훈대상자

◉ 월평균 수입 150만 원 이하인 자로 재산세 미과세 대상자중 주택임대차보호법에서 정한 소액임차인

◉ 담배소매인

제5절 소송 구조

소송 구조는 경제적 어려움으로 인해 소송을 제기하거나 방어할 능력이 없는 사람들을 위해 국가 또는 공공기관이 소송비용을 지원해주는 제도입니다. 소송 구조를 통해 소송비용 부담을 줄이고 법률적 권익을 보호받을 수 있습니다. 소송 구조 제도는 형사 소송, 민사 소송, 행정 소송 등 다양한 종류의 소송에 적용될 수 있으며, 소송 당사자의 경제적 능력과 사건의 성격에 따라 지원되는 범위가 달라집니다.

법률적 권리 의식이 높아지면서 소송을 통해 자신의 권익을 보호하고자 하는 사람들이 늘어나고 있습니다. 하지만 소송에는 변호사 비용, 소송비용, 증거 자료 수집 비용 등 상당한 비용이 발생하기 때문에 경제적 어려움을 겪는 사람들에게는 큰 부담으로 작용할 수 있습니다.

이러한 문제를 해결하기 위해 소송 구조 제도가 마련되었고, 이는 법률적 권리 보호를 위한 중요한 사회적 안전장치 역할을 하고 있습니다,

1. 소송 구조 신청 대상 및 지원 범위

(1) 소송 구조 신청 대상

소송 구조 신청 대상은 경제적 어려움으로 인해 소송비용을 부담하기 어려운 사람입니다. 구체적으로는 다음과 같은 기준을 충족해야 합니다.

소득 기준 : 소득과 재산이 일정 기준 이하이어야 합니다. 소득 및 재산 기준은 각 법원마다 다를 수 있으므로 해당 법원에 문의하여 확인하는 것이 필요합니다.

소송 목적 : 소송 목적이 정당하고 소송을 통해 권익을 보호받을 가능성이 있어야합니다

기타 사정 : 소송 당사자의 나이, 건강 상태, 가족 구성원 등을 고려하여 소송 구조 신청 대상 여부를 판단합니다.

⑵ 소송 구조 지원 범위

소송 구조는 소송비용의 일부 또는 전부를 지원할 수 있으며, 지원 범위는 다음과 같습니다.

변호사 비용 : 소송 수행에 필요한 변호사 비용의 일부 또는 전부를 지원합니다. 소송 구조 대상자는 국선 변호사를 선임하거나, 사선 변호사를 선임하는 경우 일부 비용을 지원받을 수 있습니다.

소송비용 : 소송을 진행하는 데 필요한 인지대, 송달료, 증거 자료 제출 비용 등의 소송비용을 지원합니다.

증거 자료 수집 비용 : 소송에 필요한 증거 자료 수집 비용을 지원합니다.

기타 비용 : 소송 수행에 필요한 기타 비용을 지원할 수 있습니다

⑶ 소송 구조 신청 절차

소송 구조 신청은 소송을 담당하는 법원에 직접 신청해야 합니다.

소송 구조 신청 절차는 다음과 같습니다.

2. 1단계 : 소송 구조 신청서 작성

소송 구조 신청을 위해서는 법원에서 제공하는 소송 구조 신청서를 작성해야 합니다.

신청서에는 신청인의 인적 사항(이름, 주소, 연락처 등), 소송 내용(소송 상대방, 소송 목적, 소송 쟁점 등), 소송비용 부담 능력 입증(소득 증명 서류, 재산 증명 서류 등), 기타 필요한 서류를 기재하여야 합니다.

3. 2단계 : 소송 구조 신청서 제출

작성한 소송 구조 신청서를 소송을 담당하는 해당 법원에 제출해야 합니다. 신청서 제출은 직접 방문하거나 우편으로 제출할 수 있습니다

4. 3단계 : 심사 및 결정

법원에서는 소송 구조 신청 내용을 심사하여 소송 구조 대상 여부를 결정합니다, 심사 기간은 법원마다 다를 수 있으며, 일반적으로 1~2주 정도 소요됩니다.

5. 4단계 : 결과 통보 및 소송 진행

심사 결과는 신청인에게 통보됩니다. 소송 구조가 인정되면 법원에서 소송비용 지원을 결정하며, 소송 구조가 인정되지 않으면 소송비용을 지원하지 않습니다. 소송 구조가 인정되면, 소송을 진행하는 데 필요한 변호사 선임, 소송비용 지불 등을 지원받을 수 있습니다.

6. 소송 구조 신청 시 주의 사항

소송 구조 신청 시에는 다음과 같은 주의 사항을 숙지해야 합니다.

기한 내 신청 : 소송 구조 신청은 소송을 제기하거나 방어를 시작하기 전에 신청해야 합니다. 소송이 진행된 이후에 소송 구조 신청을 할 경우, 소송 구조가 인정되지 않을 수 있습니다

정확한 정보 제공 : 소송 구조 신청서를 작성할 때는 정확한 정보를 제공해야 합니다. 허위 정보를 제공하거나 중요한 정보를 누락할 경우, 소송 구조가 인정되지 않을 수 있습니다

증명 서류 준비 : 소송 구조 신청을 위해서는 소득 증명 서류, 재산 증명 서류 등의 증명 서류를 제출해야 합니다. 증명 서류를 제출하지 않거나, 허위 증명 서류를 제출할 경우, 소송 구조가 인정되지 않을 수 있습니다.

7. 성공적인 법률적 지원 위한 필수

소송 구조 제도는 경제적 어려움으로 인해 법적 권리를 보호받지 못하는 사람들에게 큰 도움이 되는 제도입니다. 하지만, 복잡한 절차와 다양한 요건 때문에 소송 구조 신청에 어려움을 겪는 경우가 많습니다.

소송 구조 신청 절차, 필요 서류, 주의 사항 등을 상세하게 설명하여, 누구나 쉽게 소송 구조 제도를 이해하고 활용할 수 있도록 하고 소송 구조 신청을 통해 법률적 권익을 보호받고, 공정한 법적 절차를 통해 문제를 해결하는 데 도움을 받으시길 바랍니다.

8. 절차, 필요 서류, 주의 사항

(가) 소송 구조 신청 자격이 되는지 어떻게 알 수 있나요?

소송 구조 신청 자격은 소송의 종류, 소송 당사자의 재산 규모, 소송의 목적 등 다양한 요건을 고려하여 판단됩니다.

구체적인 자격 기준은 법률구조공단 홈페이지 또는 전화 상담을 통해 확인할 수 있습니다.

특히, 소송 목적과 소송 당사자의 재산 규모가 중요한 판단 요소입니다

법률구조공단은 소송비용 부담이 어려운 사람들에게 소송 구조를 지원하며, 소송 자격을 갖춘 사람들은 무료 법률 상담을 받을 수 있습니다.

(나) 소송 구조 신청을 위해 어떤 서류가 필요한가요?

소송 구조 신청에는 신청서, 소명자료, 재산세 명세서, 소송 관련 서류 등이 필요하며, 구체적인 서류 목록은 법률구조공단 홈페이지 또는 전화 상담을 통해 확인할 수 있습니다.

신청서에는 개인 정보, 소송 내용 요약, 소송 목적, 소송비용 등을 기재해야 합니다. 소명자료는 소송 구조 대상이 되는지를 입증하는 자료로, 재산세 명세서, 소득 증명 자료, 가족 관계 증명서 등이 해당됩니다.

소송 관련 서류는 이미 진행 중인 소송이 있는 경우, 소장, 답변서, 증거 자료 등을 제출해야 합니다.

(다) 소송 구조 신청 절차는 어떻게 되나요?

소송 구조 신청 절차는 서류 접수, 심사, 결정으로 진행됩니다.

법률구조공단 홈페이지에서 필요한 서류를 다운로드하여 작성 후, 방문, 우편, 팩스 등으로 제출하면 됩니다.

제출된 서류는 법률구조공단에서 심사하며 심사 기간은 보통 2주 정도 소요됩니다.

심사 결과는 전화 또는 문자로 통보하며, 승인이 되면 소송 진행에 필요한 비용을 지원받을 수 있습니다.

(라) 소송 구조를 신청하면 무료로 변호사를 선임할 수 있나요?

소송 구조를 신청하면 무료 변호사 지원을 받을 수 있지만, 일부 비용은 본인 부담으로 발생할 수 있습니다.

법률구조공단은 소송 구조 대상자에게 변호사를 선임하여 법률 지원을 제공하지만, 소송 과정에서 발생하는 인지료, 송달료, 증거자료 제출 비용 등은 본인이 부담해야 합니다.

또한, 변호사 수임료는 법률구조공단에서 일정 부분 지원하며 소송 결과에 따라 추가 비용이 발생할 수 있습니다.

법률구조공단 홈페이지 또는 전화 상담을 통해 비용 부담과 관련된 자세한 내용을 확인하는 것이 좋습니다.

(마) 소송 구조 신청 시 주의할 점은 무엇인가요?

소송 구조 신청 시 솔직하고 정확하게 정보를 제공하는 것이 중요합니다.

거짓으로 정보를 제공하거나 서류를 조작하면 소송 구조가 취소될 수 있습니다.

또한, 소송 진행 과정을 정확히 이해하고 변호사와의 소통을 통해 소송 전략을 수립하는 것이 중요합니다.

특히, 소송 구조는 법률구조공단에서 소송 비용 일부 또는 전부를 지원하는 제도이기 때문에, 소송 진행 과정에 대한 책임감을 갖는 것이 중요합니다.

9. 소송구조개요

법률상담을 통해 법률구조를 신청한 사건의 소송하고자 하는 가액 (예를 들어 되돌려 받을 금액)이 1천만 원 이하 소액이면서, 사안이 명백하고 단순한 사건에 대한 소장 및 가압류신청서 등의 소송서류를 무료로 작성해 드립니다.

1천만 원이 넘거나 신청인이 소송수행을 하기 어려운 사건에 대하여는 공단에서 소송대리 등 모든 법률적인 문제를 맡아 처리해 드립니다.

10.소송구조 요건

법률구조공단 소속변호사의 민·가사 등 사건 소송대리 및 형사변호는 법률구조대상자로 제한하여 제공하고 있습니다.

원칙적으로 소득을 기준으로 중위소득 125%이하의 국민과 국내거주 외국인은 인지대, 송달료 등 소송실비, 소정의 변호사 비용을 부담하고 소송구조를 받을 수 있는 유료 법률구조대상자입니다. 공단 소송구조 사건의 90%이상이 무료 법률구조대상자 사건이므로 비용은 크게 걱정하지 않으셔도 됩니다.

다만, 형사고소 대리는 법률구조공단의 법률구조 업무에 포함되지 않습니다(검찰청에서 피해자국선변호사로 지정된 경우 제외).

11.무료 법률구조대상자

임금 등 체불 피해근로자나 농·어민, 기초생활수급자와 같은 무료법률구조대상자의 소송비용은 협약에 따라 출연기관에서 출연한 적립금에서 부담하게 됩니다. 다만, 승소금액이 3억 원을 초과하는 고액사건은 무료법률구조에서 제외됩니다.(소송에서 패소하는 경우 상대방의 변호사비용 등 소송비용을 부담할 수 있음을 유념하시기 바랍니다.)

12.유료 법률구조대상자

법률구조공단에 법률구조 신청한 사건에 대하여 변호사나 공익법무관을 소송대리인으로 선임하여 소송 등을 하는 경우에는 법원에 납부하는 인지대·송달료 등 소송실비와 소정의 변호사 비용을 공단에 납부해야 합니다. 다만 공단에 지급해야 하는 변호사 비용은 대법원규칙에서 정한 변호사 비용의 30%정도로 저렴한 금액입니다.

제6절 수사관 교체 요청

경찰관은 고소·고발된 사건에 대한 경찰수사의 국민신뢰도와 공정성을 제고하기 위하여 수사관 교체요청 제도를 마련해 시행하고 있습니다. 이 수사관 교체요청 제도는 민원인이 경찰수사에 대하여 불만이 있을 때, 지방경찰청에서 운영하는'수사이의제도'를 활용할 수 있으나, 원거리의 지방경찰청을 직접 방문하여야 하는 불편과'수사이의제도'는 주로 수사결과에 대한 불만해결에 중점을 둔 제도로서 수사의 개시여부를 판단하는 것은 아니라는 점에서 새로이 마련된 제도입니다.

우선 수사관 교체를 요청할 수가 있는 사건은 경찰서에 접수된 고소·고발·진정·탄원 등 민원사건을 대상으로 합니다. 수사관의 교체기준은 욕설·가혹행위 등의 인권 침해와 청탁·편파수사 또는 수사의 공정성을 의심할만한 사유가 있는 경우이며, 수사관 교체를 원하는 민원인은 해당 경찰서의 청문감사관실을 방문하여 교체요청 서식을 작성·제출하면 됩니다.

교체요청서가 접수되면 청문감사관을 위원장으로 수사부서 및 비수사부서 계장 또는 팀장급 등 총 5명으로 구성된'공정수사위원회'를 개최하여, 교체여부를 심의·의결한 후 그 결과를 민원인에게 서면으로 통보하여야 합니다.

수사관 교체 결정 사례에는 예를 들어 사기죄 혐의의 고소사건을 수사하면서 고소인에게 형사 처벌이 어려우니 민사로 해결하라고 언급하는 등 편파수사 의심, 대질신문 중 상대방의 진술에 신뢰를 보이고, 유도신문을 하는 등 편파 수사 의심, 반말 투의 조사 및 비아냥거리는 듯한 말투로 공정한 수사 기대 곤란, 사건에 대해 알고 있는 참고인의 조사를 요청하였으나, 아무런 설명 없이 받아들여지지 않아 공정한 수사 기대 곤란한 이유들입니다.

제7절 불법행위 책임

부당한 고소·고발을 한 경우에 고소인·고발인에게 민사상의 불법행위 책임을 지울 수 있습니다. 고소인·고발인이 신고내용이 허위라는 점을 알면서, 혹은 범죄사실을 증명하는 근거가 불충분하고 증명하기 힘들다는 점을 알면서도 굳이 특정인을 범인으로 지명하여 고소·고발을 한 경우에는 대부분 무고죄가 성립될 것이고 민사상 불법행위가 성립될 수 있음은 명백합니다.

문제는 과실로 고소사실, 고발사실이 잘못되어 있음을 인식하지 못하거나 잘못 범인을 제시하여 행해진 고소·고발이 어떠한 경우에 불법행위가 되느냐 하는 점입니다. 이에 대해서는 (1)고소·고발당했기 때문에 피의자로 수사 대상이 되고 명예, 신용이 실추되어 수사 등의 대상이 됨으로써 정신적, 경제적 부담을 안게 되는 피고소인, 피고발인에 대하여 이익을 존중할 필요성은 아주 높기 때문에 경솔한 고소 또는 고발을 허용해서 안 된다는 점이고 (2)수사기관에 수사의 단서를 제공하는 고소·고발을 활성화시킴과 동시에 피해자의 고소권, 고발권을 존중해야 한다는 요청도 함께 고려해야 합니다.

제8절 고소됐다고 경찰에서 연락이 왔을 때 대비 방법

세상을 살면서 내가 고소당할 일이 있겠어? 라고 생각할 수 있겠지만, 사업을 하다 보면 한 번쯤은 받아볼 수도 있는 것이 고소입니다. 고소장이 접수되면 직접 고소장이 날아오는 것이 아니라 수사관의 연락을 통해 고소 사실을 알게 되는 경우가 많습니다. 고소가 접수돼 조사를 받아야 하니 가능한 날짜를 확인해 달라는 연락입니다. 이때 당황해서 날짜만 잡으면 절대 안 됩니다.

이처럼 어느 날 갑자기 고소장이 접수됐다는 연락이 오면 어떻게 해야 될까요?

제대로 된 조사를 받으려면 조사받기 전에 어떠한 사유로 고소당했는지 확인한 후 수사에 대비하는 것이 중요합니다. 수사관에게서 연락이 왔을 때 어떤 혐의로 고소당한 것인지 간략하게 확인할 필요가 있습니다. 혹시라도 놀라서 사유를 물어보지 못했더라도, 경찰서에 고소장을 제출한 고소사건이라면 정보 공개 청구를 통해 고소장 내용을 확인할 수 있습니다.

먼저 고소된 내용을 확인한 후 사건 관련 사실관계를 시간 순으로 명확히 정리해야 합니다. 말도 안 되는 고소라고 생각해 경찰서에 혼자 가서 조사받다가 수사관과 다투는 경우가 종종 있습니다. 일단 피의자 조사를 받게 된 경우라면 현재 상황에 대해 엄중히 인식하고 대응할 필요가 있습니다.

다음으로, 고소 사실에 대한 관련 법규 및 판례에 따라 유·무죄 인정여부에 대해 판단해야 합니다. 당사자는 사실관계에 대해 누구보다 잘 알고 있기 때문에 고소인이 주장하는 범법행위에 해당하는지 객관적으로 판단하지 못하는 경우가 제법 있고, 관련 법규 및 판례에 대해 잘 알고 있지 못해 자신이 엄한 처벌을 받게 되지는 않을까 매우 불안해하는 경우도 많습니다.

구체적인 사실관계에 따른 대응 전략을 수립할 필요가 있습니다. 무혐의를 주장하고 싶은 경우, 이와 관련한 증거자료 등을 준비해 경찰서에 제출해야 합니다. 고소장에 기재된 진술을 탄핵할 만한 증거나 본인의 주장에 신빙성을 높여주는 증거 등을 적극적으로 찾아내 제출해야 합니다.

흔히 제출하는 자료로는 상대방과의 대화 내용이 담긴 문자나 카카오 톡 메시지 캡처 화면, 통화 녹취록, CCTV. 블랙박스 동영상 제3자의 사실 확인을 위한 사실확인서, 은행이체 내역 등이 있습니다. 무혐의를 주장하고 싶은 경우라면 특히 수사 초기 진술이 매우 중요하기 때문에 첫 조사에 임해 진술할 때 각별히 유의해야합니다.

만약 혐의를 인정하는 경우라도 사건 관련 경위, 범행 동기, 기타 양형 사유 등에 대해 소명할 필요가 있습니다. 추후 검사의 구형, 법원 판결선고에서 최대한 유리한 형을 받기 위해서는 관련 정상 참작 사유들에 대해 구체적으로 언급할 필요가 있습니다.

고소당했다면 추후 진행될 절차를 정확히 알고 있어야 적절한 대응이 가능합니다. 고소를 당하면 바로 재판을 한다는 우리의 생각과 달리 여러 절차가 있습니다. 우선 수사를 개시하기에 앞서 범죄의 혐의 유무를 확인하기 위한 조사 활동을'내사'라고 합니다.

조사 결과 혐의가 없어 조사 자체를 종결하는 것을'내사 종결'이라고 하고, 여기서 혐의가 있다고 판정되면 수사가 개시됩니다. 고소가 되어도 수사가 개시됩니다. 또한 수사에 원활한 협조를 하지 않거나 죄질이 무거운 죄를 범했다고 의심할 상당한 이유가 있는 경우에는 체포 혹은 구속 상태로 조사를 받게될 수도 있습니다.

구속되지 않는 상태에서 받는 조사와 구속된 상태에서 받는 조사는 수사기관에서 해당 범죄를 보는 시각, 수사 기간 및 재판기간 등의 측면에서 굉장히 다릅니다. 조사를 받는 입장에서도 심리적 압박 등을 매우 크게 느낄 수 있기 때문에 최대한 조사에 협조하는 것이 좋습니다.

검사가 공소를 제기하면 공판, 즉 재판 절차가 진행됩니다.

따라서 '구 공판' 혹은'구 약식'절차를 진행하게 됩니다. 여가서'구'는'재판을 구하다'라는 의미입니다. 구 공판은 보통 형량이 무겁거나 죄질이 나쁜 범죄로 인지하는 경우 이루어지고, 구 약식은 벌금형이 거의 확실한 경우 약식절차로 이루어지게 됩니다. 구 약식 절차를 진행하게 되면 법원에서 약식 명령을 한 후 피고인은 7일 이내 정식 재판청구를 할 수 있습니다.

제9절 고소·고발 사건에서 입건 절차

경찰단계에서 고소장이나 고발장을 접수하는 경우 서류의'제목'에 따라 고소·고발·진정으로 KICS에 입력하고 있으며 고소·고발·진정이라는 단서를 KICS에서 수정할 경우 책임자의 승인이 필요합니다. 또한 고소장의 내용과 성숙도에 따라 임시접수·정식접수 단계로 구분하여 접수합니다.

임시접수 된 사건이라도 내사 이후 수사의 필요성이 인정되거나 구체적인 혐의가 인정되면 정식접수 단계로 진행됩니다. 경찰 내부 보고서에 따르면 검찰에서도 내사 대상 사건과 수사 대상 사건으로 구별해서 수리할 수 있다는 근거규정(검찰사건사무규칙)이 있으나, 대부분 제출이 되는 서류의'제목'에 따라 기계적 분류해서 수리하고 있는 실정입니다. 대부분 사건이 고소장 형태로 접수되나 수사전문가 또는 법률전문가가 아닌 검찰청 민원실 직원이 서류제목에 따라 분류합니다. 결국 경찰과 검찰 모두 수사개시시점에 대한 수사실무를 운용하고 있습니다.

1. 고소·고발사건의 일반적 처리

먼저 고소인이 고소장을 경찰 단계에서 접수하려고 하면 경찰서 경제범죄수사팀에 가게 되는 것이 가장 일반적입니다. 고소인이 경찰서에 고소장을 제출하기 위해 방문하면 경찰서 경제팀장과 즉일 상담을 하게 됩니다. 경찰서에서 경제팀장은 ①사기, 횡령 등 일정한 경제범죄에 대해 고소·고발이 있는 경우 고소인(고발인)과 고소(고발)내용에 대하여 상담하고 수리 여부를 결정하며, ②접수된 사건은 소속 팀원에게 배당하고, ③사회 이목이 집중되거나 까다로운 법률적 쟁점이 있는 등 일정한 사건은 직접 수사하며, ④팀원에게 배당된 사건에 수사보완점이나 법률적 쟁점이 있는 경우에는 구체적인 수사지휘를 합니다.

경제팀장은 일반적으로 고소장을 접수하고 수리하지만, 범죄수사규칙상반려사유에 해당하면 이를 수리하지 않고 반려할 수도 있습니다. 이는 죄종의 차이

만 있을 뿐 경제범죄수사팀이 아닌 강력범죄수사팀이나 형사범죄수사팀 등에도 모두 동일하게 적용됩니다.

2. 구체적 실례

실제 경찰서 형사과에서 고소·고발 사건을 처리하면서 피부로 느꼈던 문제점을 절실하게 보여주는 사례를 살펴보겠습니다.

실례1은 어느 날 민원인이 무척 화가 난 듯 씩씩대며 근무하는 경찰서 형사과 사무실로 고소장을 들고 찾아왔습니다. 재개발조합임원 선거에 출마하려고 했는데 조직적인 방해로 후보에도 오르지 못했다면서 정말 나쁜 사람들이라고 꼭 처벌해 달라고 말했습니다. 고소장을 읽어보니 내용은"조합임원 선거에 출마하려고 20명 이상의 추천을 받고 선거후보자 등록 서류를 제출했지만, 정당한 이유 없이 거부당했고 추천서는 사라졌다며 등록거부에 관련된 피고소인들을 위력에 의한 업무방해 및 재물손괴로 고소하겠다."라는 것이었습니다.

관련된 피고소인은 4명이었습니다. 일단 입건 후 피고소인 중 조합임원 선거 총책임자를 가장 먼저 불러 조사하였습니다. 총책임자는 고소인이 사사건건 시비를 건다며 정말 억울하다고 진술하였습니다. 임원 선거에 출마하려면 출마하지 않는 조합원 20명 이상의 추천을 받아야 되는데 고소인의 경우에는 중복하여 추천을 받았고 출마하는 사람에게도 추천을 받아 추천인 조건에 미달하였다고 말했습니다. 자신은 조합 내규에 따라 정당하게 처리했으며 고소인이 조합을 상대로 조합임원선거에 대해 총회결의무효의 소를 제기하고 가처분을 신청한 것이 있는데 가처분도 기각되었다고 밝혔습니다.

함께 가처분결정문도 제출했습니다. 내용을 읽어보니 고소인이 주장하는 사유가 선혀"소명"되지 않았음을 이유로 기각된 것이 분명했습니다. 책임자 말대로 되어 있는 조합 내규도 확인되었고 조합사무실에 직접 방문하니 고소인이 제출하였던 추천서 원본도 그대로 보관되어 있었습니다. 추천서를 확인하니 고소인이 착각한 것인지 정확히 알 수 없지만 추천인이 중복으로 기재되어 있었고 이를 제외하면 20명이 되지 않았습니다.

결국 현 단계에서 피고소인을 처벌해달라는 고소인의 주장은 억지에 불과했습니다. 고소인과 조합 사이에 진행되고 있는 총회결의 무효의 소에서 번복할 만한 다른 상황이 밝혀지지 않는다면 말입니다. 입건을 한 이상 수사를 그대로 멈출 수는 없었습니다. 다른 피고소인들에게도 연락하여 조사를 받으라고 했습니다. 그들 역시 말 같지도 않은 주장 때문에 경찰서에 출석해서 피의자로 조사를 받는 것이 정말 억울하다며 읍소했습니다.

한 명은 심지어 암으로 병원 치료를 받는 중이었습니다. 사실 고소장 내용에 의하더라도 피고소인 중 일부는 사건과 큰 관련이 없어 보였습니다. 그렇지만 일단 고소인이 제출한 고소장대로 피고소인들을 입건하였고, 피의자들을 상대로 조서를 작성하는 것은 수사를 마무리 짓는데 핵심이기에 도리가 없었습니다.

부드러운 목소리로 어쩔 수 없고 금방 조사가 끝나니 출석하셔야 한다고 타이르기도 했고, 혹시나 출석하지 않으시면 체포영장이 발부되고 수배가 될 위험도 있다고 협박 아닌 협박을 하기도 했습니다. 그렇게 피고소인들을 모두 조사하고 다른 사실관계까지 조사한 이후에야 수사가 마무리 되었고 불기소 의견으로 검찰에 송치했습니다.

실례2는 역시 어느 날 신변에 위협을 느낀다는 민원인이 경찰서에 찾아왔는데 국민의 생명과 관련된 만큼 허투루 들을 수 없었습니다. 그녀는 세입자로서 집주인과 다툰 적이 있는데 집주인이 자신을 쳐다보는 눈빛이 수상하고 최근물맛이 이상해 불안하다고 말했습니다. 특히 물맛이 이상하다는 것을 강조하며집주인에 대해 형사처벌 해 줄 것을 요구했고 자신이 마시던 물을 샘플로 가지고 왔습니다. 특별한 범죄혐의가 아직 포착되지 않은 단계였지만 그녀의 태도가 너무 확고했고 혹시 모를 조그마한 위험도 배제하기 위해 입건했습니다.

일단 집주인이 아닌 불상자를 피의자로 한 채 상해죄로 입건한 후 그녀가 가지고 온 물에 독극물 등이 있는지 여부 및 성분에 대해 국과수에 감정 의뢰했습니다. 현장방문도 실시했습니다. 시간이 흘러 국과수로부터 아무런 독극물도 없으며 정상적인 물과 동일하다는 취지로 감정회신이 왔습니다. 현장에서도 아무런 특이점을 발견할 수 없었습니다.

그럼에도 그 날 이후로도 그녀의 방문은 계속됐습니다. "누군가가 나를 쳐다보고 있다", "누가 CCTV를 자기집안에 설치한 것 같다"와 같은 것들이었습니다. 계속되는 방문이었지만 아무런 증거나 의심될만한 조그만 정황조차 제시하지 못했습니다. 오로지 말뿐이었습니다. 여러 번 고소취지로 진술했고 다수에 대해 사건을 처리했으나 그녀의 말대로 나온 것은 아무것도 없었습니다.

나중에 그녀의 부모님과 연락이 되었는데 그녀가 피해망상으로 정신병원에서 나온 지 얼마 되지 않았다는 사실을 알게 되었습니다.

사례1은 범죄혐의가 선명하지 않은 고소로 인해 입건되는 피의자들의 고통이 이루 말할 수 없음을 잘 보여주는 사례입니다. 사례2는 무분별한 고소로 인해 억울한 피의자가 입건 될 수 있을 뿐만 아니라 국가 역시 수사력을 낭비할 수밖에 없는 현실을 드러냅니다. 이제까지 학계나 판례는 수사가 개시된 후 피의자의 방어권 보장에 주목했을 뿐, 처음부터 부당하게 피의자로 입건되지 않을 수 있는 제도를 함께 마련하는 데는 논의가 소홀했습니다.

지금까지 고소인이 고소장을 제출하면, 수사기관은 특별한 사전 심사 절차 없이 피고소인을 피의자로 입건하는 것이 실무의 태도였습니다. 따라서 피해자의 고소가 있을 때 피고소인들은 피의자로서 지위가 전환되었고 절차대상으로서 지위에 따라 일정한 의무를 부과 받았습니다. 이를 간단히 설명하면, 피의자는 수사절차에서 사실해명을 위해 불가피한활동에 협조할 의무를 지기도 하는데 이를 절차대상으로서의 지위라고 합니다.

피의자는 체포·구속 및 압수·수색의 대상이 되므로 적법한 소환이나 체포·구속에 응하여야 하고 일정 요건을 갖춘 신체에 대한 압수·수색을 거부할 수 없습니다. 피의자는 다양한 권리를 가지는 동시에 실체해명을 위해 일정한 의무를 지기도 합니다. 강제수사에 대한 수인의무나 참고인 등과의 대질에 협조할 의무가 그 전형적인 예입니다.

이는 고소로 인하여 피의자가 된 피고소인도 마찬가지입니다. 피고소인들은 피신조서 작성 등을 위하여 경찰서에 출석하여야 했고 출석하지 않으면 체포·

구속되거나 수배될 위험도 있습니다. 또한 불기소처분을 받더라도 명예의 문제 및 보이지 않는 불이익이 발생하기도 하였습니다. 공무원의 경우 입건 시, 수사개시통보에 의해 기관에 알려지고 나아가 주위 사람들에게도 알려지게 되어 인격권, 명예권 등의 침해문제가 발생합니다.

또한 공무원이 아닌 일반인들도 피의자로 입건되면 기소·불기소 여부 관계없이 최종 처분 전까지 주위 사람들에게 '형사사건에 연루되어 있다'라는 선입견을 주게 되는 문제가 있습니다. 또한 입건되면 피의자의 지문을 채취하여 수사자료표를 작성해야 하고, 피의자 역시 전과사실의 조회에 따른 불이익과 출입국제한 등 여러 가지 제약을 감수해야만 했습니다.

피의자라는 이유로 지문을 채취당하고 수사기록이 남게 되는 것 또한 개인의 자기정보결정권에 대한 심대한 제약을 초래합니다. 현행법상으로는 고소무능력자, 정신이상자의 고소(발)인 경우에도 일단 입건된 상태로 배당될 수밖에 없는데 피의자로 입건된 것 자체를 다툴 수 있는 이의절차 역시 현행법에는 존재하지 않으므로 불기소 여부에 관계없이 킥스상 수사자료에 기록되는 불이익이 발생하게 됩니다.

제2장 교통사고 발생 시 기본적 대처 사항

일반적으로 자동차를 운전하는 사람들은 대부분 사고에 대한 경험이 없고 사고 발생시 어떠한 조치를 취해야 하는지 몰라 당황하는 경우가 많은 편입니다. 사고가 발생하면 법률적 의무 사항인 신고 의무와 부상자에 대한 응급 구호 조치를 우선하여야 하고, 사고 현장에 대한 증거 자료 확보도 필수적으로 해야 합니다.

사고 당사자인 자신도 사고에 대한 자료를 확보해야 억울하다고 생각되었을 때 그 자료를 토대로 전문 기관에 맡겨 사고 원인을 분석함으로써 잘못된 결론을 바로잡을 수 있습니다.

사고 현장에서의 기본적 대처 사항은 ①사고 발생 시 운전자(동승자)는 상대방의 차와 자신의 차의 최종 정지 위치를 정확하게 표시하고 사진 촬영을 해 둬야 합니다.②상대방의 차와 자신의 차의 손상(파손) 부분을 파악하고 휴대전화로 사진 촬영을 해 둬야 합니다. ③충돌로 인해 파손 잔존물이 도로에 떨어져 있을 경우 낙하 위치를 정확하게 파악한 뒤 사진 촬영을 해 둬야 합니다. ④도로가 파인 자국 등 도로에 생긴 흔적들을 정확히 파악하고 사진 촬영을 해둬야 합니다. ⑤주변에 있던 다른 차량의 사람들이나 목격자를 찾아 인적 사항을 기록해 두고, 현장 정리가 끝난 후 빠른 시간 내에 확인을 받아 둬야 합니다

1. 교통사고 발생 시 유의 사항

(가) 구호 의무

도로상에서 자동차 사고가 발생한 경우 사고 차량의 운전자나 동승자는 자기 또는 상대방에게 과실이 있든 없든 즉시 차를 세우고 사상자를 구호하는 등 필요한 조치를 취해야 합니다.

만일 이러한 구호 조치를 취하지 아니하면 수사 결과 교통사고 자체에는 아무런 잘못이 없다고 판단되더라도 처벌을 받을 수 있습니다. 또, 교통사고 현장에서 도망해 버리면 잘못이 많은 것으로 판단되어 수사상 불리한 취급을 받을 수도 있습니다.

(나) 신고 의무

교통사고의 내용이 인적 피해이건 물적 피해이건 간에 사상자 구호 조치가 끝난 다음 즉시 가까운 경찰관서 또는 112에 신고를 하여야 합니다.

이러한 신고 의무를 위반하면 처벌받게 됩니다.

다만, 자동차만 부서진 것이 명백하고, 사고 후 또 다른 사고가 나지 않게 함은 물론, 교통 소통에도 장애가 없도록 하는 등의 조치를 한때에는 신고 의무가 면제됩니다.

(다) 구조 의무 불이행(뺑소니)

자동차를 운전하다가 사람을 사상하거나 물건을 망가뜨리는 교통사고를 낸 경우 운전자는 즉시 정차하여 필요한 조치를 취할 의무가 있는데, 이러한 조치를 취하지 않고 도주한 자에게는 일반적으로 뺑소니 또는 도주 차량이라고 이야기 하는 구조 의무 불이행죄가 성립됩니다.

일단 뺑소니 혐의가 인정되면 비록 자동차 종합보험에 가입되어 있거나 피해자와 합의가 되었더라도 특정범죄 가중처벌 등에 관한 법률에 의하여 엄하게 처벌을 받게 됩니다.

뺑소니에 해당되지 않으려면 꼭 다음과 같은 조치를 취해야만 합니다. ① 교통사고 발생 시 사고 장소에 즉시 정차, 사건 피해자의 상처 여부 확인 ② 운전자의 운전 면허증 또는 명함 등을 교부하여 신분, 전화 번호 등을 확인③본인도 다친 경우에는 일행이나 주변인의 도움을 받아 후송 조치 ④경찰서에 신고하고 보험 회사에 연락하여 사고 접수 ⑤피해자가 괜찮다고 대답할 경우에도 반드시 연락처, 신분 확인은 반드시 필요합니다.

2. 교통사고를 내면 어떤 처벌

(1) 사망 사고

피해자가 사망한 경우에는 자동차 종합 보험이나 합의와 관계없이 교통사고처리특례법에 의거 형사 입건되어 처벌을 받게 됩니다. 다만, 피해자 유

족측과 합의한 경우에는 구속·불구속의 결정, 선고 형량 등에 정상으로 참
작될 수 있습니다.

(2) 부상·대물 사고

사고 운전자가 종합 보험(택시·버스·화물 트럭 공제 조합 포함)에 가입되어
있거나 피해자와 합의하였다면 형사처벌은 받지 않고, 사고 발생의 원인
행위에 따라 도로교통법에 의거하여 벌점 및 범칙금을 부과 받게 됩니다.

그러나 부상 사고의 경우 교통사고처리특례법에 규정된 10대 중요 위반
사고의 경우에는 자동차종합 보험 가입이나 합의와 관계없이 형사처벌을
받게 됩니다.

3. 교통사고처리 특례법상 10대 중요위반 사고 유형

① 교통 신호기, 또는 교통정리를 위한 경찰관 등의 신호나 통행의 금지 또는
   일시 정지를 내용으로 하는 안전표지가 표시하는 지시에 위반한 경우

② 중앙선을 침범하거나 고속 도로 또는 자동차 전용 도로에서 횡단·후진·회전
   을 위반한 경우

③ 제한 속도를 20㎞ 초과하여 운전한 경우

④ 앞지르기 방법 또는 금지 위반의 경우

⑤ 철길 건널목 통과 방법 위반의 경우

⑥ 횡단 보도상에서의 보행자 보호 의무 위반의 경우

⑦ 무면허 운전

⑧ 음주 운전, 또는 약물을 복용하고 운전한 경우

⑨ 보도 침범 또는 보도 횡단 방법 위반의 경우

⑩ 승객의 추락 방지 의무 위반의 경우(개문 발차)

(1) 뺑소니 사고

인명 피해를 입힌 경우에는 특정범죄 가중처벌 등에 관한 법률, 물적 피해만 입힌 경우에는 도로교통법의 적용을 받아 종합 보험 가입이나 합의에 관계없이 형사 입건되어 처벌을 받게 됩니다.

(2) 음주 운전의 경우

교통사고를 냈을 뿐 아니라 음주 운전까지 한 상태에서는 일반적으로 음주 운전을 하면 처벌을 받게 되는데 혈중 알코올 농도에 따라 형사 입건과 행정 처벌로 나눌 수 있습니다. 음주 운전을 하고 교통사고까지 냈다면 가중 처벌을 받게 됩니다.

(3) 형사 입건

혈중 알코올 농도 0.05% 이상인 자는 행정 처벌(운전 면허 처분) ①혈중 알코올 농도 0.05~0.09%까지는 운전면허 100일간 정지 ②혈중 알코올 농도 0.10% 이상인 자는 운전면허 취소 및 1년간 운전면허 시험 응시 자격 제한이 됩니다.

(4) 음주측정이 필요한 경우

경찰관은 교통안전과 위험 방지를 위해 필요한 경우에 술에 취한 상태에서 자동차를 운전했다고 인정할 만한 상당한 이유가 있는 운전자를 대상으로 음주 여부를 측정할 수 있습니다. 경찰관은 음주 측정 요구 때마다 개별 운전자의 외관, 태도, 운전 행태 등 객관적인 사정을 종합하여 음주 여부를 판단해야 합니다. 또, 음주 단속 현장을 피하여 도망간 경우에도 운전 시점으로부터 경과한 시간 동안 감소한 혈중 알코올 농도를 계산한 후 그 수치를 측정 수치에 더하는 방법(위드마크 식 음주 측정 계산법)으로 음주 측정을 할 수도 있습니다.

그리고 음주 측정에 불응하면 일정한 경우에 음주 측정 불응죄가 성립됩니다. 음주 측정 불응죄가 성립하기 위해서는 음주 측정 요구 당시 운전자가 적어도 혈중 알코올 농도 0.05% 이상의 상태에 있다고 인정할 만한 상당한 이유가 있어야 합니다. 이때'상당한 이유'에 대한 판단은 경찰관이 객관적인 입장에서 여러 상황을 고려하여 신중하게 내려야 합니다.

4. 배상금 및 합의 해결방법

가벼운 교통사고의 경우에는 보험에 가입되어 있다면 별도의 합의 없이 보험으로 처리하면 배상 관계는 종결됩니다. 그러나 사망 사고나 10대 중요 위반 사고로 중한 피해를 입은 경우에는 가해자와 피해자 사이에 분쟁이 일어나 합의가 필요한 경우가 많이 발생합니다. 이런 경우 피해자가 소송을 하기 전에 원만한 합의를 하는 것이 서로에게 유리합니다. 즉, 피해자는 소송 비용이 들지 않고 신속한 배상을 받을 수 있고, 가해자도 형사상처벌을 감경 받을 수 있고 소송에 의한 고액의 배상금을 물게 될 위험도 적어집니다.

당사자는 다음과 같은 점에 유의하여 합의를 하는 것이 좋습니다.

먼저 가해자는 피해자에게 사과를 분명히 하는 등의 성의를 보여야 하고 이성적으로 대화하여 감정 대립을 피해야 합니다. 보통 피해자의 경우에는 흥분하기 쉬우므로 가해자는 이점을 유의해야 합니다.

 피해자에게 발생한 손해의 정도, 범위, 과실 정도 등에 대해 법률에 밝은 사람과 상의하여 정확한 자료를 준비해야 합리적인 선에서 합의가 이루어 질수 있을 것입니다.

제3장 형사 고소장 최신서식

(1) 고소장 - 폭행 및 상해죄 시비를 붙고 주먹으로 얼굴을 가격하여 상처를 입혀
처벌을 요구하는 고소장 최신서식

고 소 장

고 소 인 : ○ ○ ○

피 고 소 인 : ○ ○ ○

광주시 ○○경찰서장 귀중

고 소 장

1.고소인

성　명	○ ○ ○		주민등록번호	생략
주　소	광주시 ○○구 ○○로 ○○길 ○○, ○○○-○○○○호			
직　업	생략	사무실 주　소	생략	
전　화	(휴대폰) 010 - 7761 - 0000			
대리인에 의한 고　　소	□ 법정대리인 (성명 :　　, 　　연락처　　　　　　　) □ 소송대리인 (성명 : 변호사,　연락처　　　　　　　)			

2.피고소인

성　명	○ ○ ○		주민등록번호	생략
주　소	광주시 광산구 ○○로 ○○길 ○○○, ○○○호			
직　업	상업	사무실 주　소	생략	
전　화	(휴대폰) 010 - 2678 - 0000			
기타사항	고소인과의 관계 - 친·인척관계 없습니다.			

3.고소취지

고소인은 피고소인에 관하여 다음과 같이 형법 제260조 제1항 폭행죄 및 형법 제257조 상해죄로 고소하오니 법의 준엄함을 깨달을 수 있도록 철저히 수사하여 엄벌에 처해 주시기 바랍니다.

4.범죄사실

(1) 피고소인은 ○○○○. ○○. ○○. ○○:○○경 광주광역시 ○○구 ○○로 ○○길 ○○○,에 있는 술집 '○○○카페' 앞길에서 길을 걷다가 고소인과 어깨를 부딪쳤습니다.

(2) 고소인에게 '이 새끼야 눈 똑바로 뜨고 다녀 임마' 라고 소리치면서 느닷없이 주먹으로 고소인의 얼굴을 2회 세게 때렸습니다.
위 폭행으로 인하여 고소인은 약 3주간의 치료를 요하는 구순부열 찢긴상처 등의 상해를 가하였습니다.
피고소인은 고소인이 폭행을 피하려고 자리를 피하는 곳으로 계속해서 따라와 고소인의 얼굴을 때리고 발로 걷어차는 폭행을 가하였습니다.
피고소인의 폭행사실은 위 ○○○카페에서 설치한 CCTV에서 고스란히 촬영되어 있으며, 인근에 주차한 차량의 블랙박스 영상도 확보된 상태에 있습니다.

(3) 이에 고소인은 피고소인을 형법 제257조 제1항 상해죄 및 형법 제260조 폭행죄로 고소하오니 철저히 수사하여 법의 준엄함을 깨달을 수 있도록 엄벌에 처하여 주시기 바랍니다.

5.증거자료

　□ 고소인은 고소인의 진술 외에 제출할 증거가 없습니다.
　■ 고소인은 고소인의 진술 외에 제출할 증거가 있습니다.

　　☞ 제출할 증거의 세부내역은 별지를 작성하여 첨부합니다.

6.관련사건의 수사 및 재판여부

① 중복 고소여부	본 고소장과 같은 내용의 고소장을 다른 검찰청 또는 경찰서에 제출하거나 제출하였던 사실이 있습니다 □ / 없습니다 ■
② 관련 형사사건 수사유무	본 고소장에 기재된 범죄사실과 관련된 사건 또는 공범에 대하여 검찰청이나 경찰서에서 수사 중에 있습니다 □ / 수사 중에 있지 않습니다 ■
③ 관련 민사소송 유무	본 고소장에 기재된 범죄사실과 관련된 사건에 대하여 법원에서 민사소송 중에 있습니다 □ / 민사소송 중에 있지 않습니다 ■

7.기타

본 고소장에 기재한 내용은 고소인이 알고 있는 지식과 경험을 바탕으로 모두 사실대로 작성하였으며, 만일 허위사실을 고소하였을 때에는 형법 제156조 무고죄로 처벌받을 것임을 아울러 서약합니다.

○○○○ 년 ○○ 월 ○○ 일

위 고소인 : ○　○　○　　　(인)

광주시 ○○경찰서장 귀중

별지 : 증거자료 세부 목록

　　　(범죄사실 입증을 위해 제출하려는 증거에 대하여 아래 각 증거별로 해당

　　　난을 구체적으로 작성해 주시기 바랍니다)

1.인적증거

성　명	○ ○ ○	주민등록번호	생략		
주　소	광주시 ○○구 ○○로 ○○, ○○○호			직업	상업
전　화	(휴대폰) 010 - 8765 - 0000				
입증하려는 내　용	위 ○○○은 위 ○○○카페의 사장으로서 피고소인이 고소인에게 시비를 붙고 폭행을 하는 것을 직접 목격하였으므로 이를 입증하고자 합니다.				

2.증거서류

순번	증　거	작성자	제출 유무
1	진단서	고소인	■ 접수시 제출 　□ 수사 중 제출
2	진술서	고소인	■ 접수시 제출 　□ 수사 중 제출
3			□ 접수시 제출 　□ 수사 중 제출
4			□ 접수시 제출 　□ 수사 중 제출
5			□ 접수시 제출 　□ 수사 중 제출

3.증거물

순번	증 거	소유자	제출 유무
1	진단서	고소인	■ 접수시 제출　□ 수사 중 제출
2			□ 접수시 제출　□ 수사 중 제출
3			□ 접수시 제출　□ 수사 중 제출
4			□ 접수시 제출　□ 수사 중 제출
5			□ 접수시 제출　□ 수사 중 제출

4.기타증거

추후 필요에 따라 제출하겠습니다.

(2) 고소장 - 폭행상해 주먹으로 얼굴과 입술을 때려 앞니가 금이 가는 폭행을 가
하여 처벌을 요구하는 고소장 최신서식

고 소 장

고 소 인 : ○ ○ ○

피 고 소 인 : ○ ○ ○

청주시 상당경찰서장 귀중

고 소 장

1.고소인

성명	○ ○ ○	주민등록번호	생략
주소	청주시 상당구 ○○로 ○○길 ○○, ○○○호		
직업	생략	사무실 주 소	생략
전화	(휴대폰) 010 - 3478 - 0000		
대리인에 의한 고소	□ 법정대리인 (성명 :　　　,　　　　연락처　　　　　　) □ 소송대리인 (성명 : 변호사,　　연락처　　　　　　)		

2.피고소인

성명	○ ○ ○	주민등록번호	생략
주소	청주시 ○○구 ○○로 ○○길 ○○○, ○○○호		
직업	상업	사무실 주 소	생략
전화	(휴대폰) 010 - 2782 - 0000		
기타사항	고소인과의 관계 - 친·인척관계 없습니다.		

3.고소취지

고소인은 피고소인에 관하여 다음과 같이 형법 제260조 제1항 폭행죄 및 형법 제257조 상해죄로 고소하오니 법의 준엄함을 깨달을 수 있도록 철저히 수사하여 엄벌에 처해 주시기 바랍니다.

4.범죄사실

(1) ○○○○. ○○. ○○. ○○:○○경 충청북도 청주시 ○○로 ○길 ○○○, ○○이라는 호프집에서 고소인이 친구들과 맥주를 마시고 집으로 가기 위해 밖으로 나와 버스를 타려고 서 있는데 피고소인이 다짜고짜 고소인에게 욕설을 퍼붓고 시비를 붙었습니다.

(2) 고소인은 하도 어이가 없어서 그냥 무시하자 피고소인이 고소인에게 달려들어 주먹으로 고소인을 가격하여 얼굴에 심한 타박상을 입었습니다.

(3) 고소인으로서는 당시 입술부위에서 피를 많이 흘렸지만 그날은 그냥 헤어지게 되었습니다. 다음날 심한 통증을 느껴 아침 식사를 하지 못할 정도로 고통이 심해 ○○○○. ○○. ○○. 청주시 ○○구 ○○로길 ○○, ○○의원으로 찾아가 진찰을 받아보니 앞니에 금이 갔다는 것이었습니다.

(4) 의사 선생님께서는 특히 앞니에 금이 간 것은 이를 뽑아야 한다고 말씀하였습니다.

(5) 그 후 ○○○○. ○○. ○○. 피고소인에게 전화해서 만날 것을 요구했지만 피고소인은 계속해서 회피하고 고소인을 만나 주지 않을 뿐만 아니라 이에 대한 피해보상도 하지 않으므로 법에 따라 엄중히 처벌하여 주시기 바랍니다.

5.증거자료

☐ 고소인은 고소인의 진술 외에 제출할 증거가 없습니다.

■ 고소인은 고소인의 진술 외에 제출할 증거가 있습니다.

    ☞ 제출할 증거의 세부내역은 별지를 작성하여 첨부합니다.

6.관련사건의 수사 및 재판여부

① 중복 고소여부	본 고소장과 같은 내용의 고소장을 다른 검찰청 또는 경찰서에 제출하거나 제출하였던 사실이 있습니다 □ / 없습니다 ■
② 관련 형사사건 수사유무	본 고소장에 기재된 범죄사실과 관련된 사건 또는 공범에 대하여 검찰청이나 경찰서에서 수사 중에 있습니다 □ / 수사 중에 있지 않습니다 ■
③ 관련 민사소송 유무	본 고소장에 기재된 범죄사실과 관련된 사건에 대하여 법원에서 민사소송 중에 있습니다 □ / 민사소송 중에 있지 않습니다 ■

7.기타

본 고소장에 기재한 내용은 고소인이 알고 있는 지식과 경험을 바탕으로 모두 사실대로 작성하였으며, 만일 허위사실을 고소하였을 때에는 형법 제156조 무고죄로 처벌받을 것임을 아울러 서약합니다.

○○○○ 년 ○○ 월 ○○ 일

위 고소인 : ○ ○ ○　　(인)

청주시 상당경찰서장 귀중

별지 : 증거자료 세부 목록

(범죄사실 입증을 위해 제출하려는 증거에 대하여 아래 각 증거별로 해당 난을 구체적으로 작성해 주시기 바랍니다)

1.인적증거

성 명	○ ○ ○	주민등록번호	생략		
주 소	청주시 ○○구 ○○로 ○○, ○○○호			직업	종업원
전 화	(휴대폰) 010 - 4432 - 0000				
입증하려는 내 용	위 ○○○은 피고소인이 고소인에게 시비를 붙고 폭행을 하는 것을 목격하였으므로 이를 입증하고자 합니다.				

2.증거서류

순번	증 거	작성자	제출 유무
1	진단서	피고소인	■ 접수시 제출　　□ 수사 중 제출
2	진술서	고소인	■ 접수시 제출　　□ 수사 중 제출
3			□ 접수시 제출　　□ 수사 중 제출
4			□ 접수시 제출　　□ 수사 중 제출
5			□ 접수시 제출　　□ 수사 중 제출

3.증거물

순번	증 거	소유자	제출 유무
1	진단서	고소인	■ 접수시 제출　　□ 수사 중 제출
2			□ 접수시 제출　　□ 수사 중 제출
3			□ 접수시 제출　　□ 수사 중 제출
4			□ 접수시 제출　　□ 수사 중 제출
5			□ 접수시 제출　　□ 수사 중 제출

4.기타증거

추후 필요에 따라 제출하겠습니다.

(3) 무고죄 고소장 - 허위사실을 처벌받게 할 목적으로 신고(고소)하여 강력한 처벌을 요구하는 무고죄 고소장 최신서식

고 소 장

고 소 인 : ○ ○ ○

피 고 소 인 : ○ ○ ○

인천시 ○○경찰서장 귀중

고 소 장

1.고소인

성명	○ ○ ○		주민등록번호	생략
주소	인천시 ○○구 ○○로 ○○길 ○○, ○○○호			
직업	생략	사무실 주 소	생략	
전화	(휴대폰) 010 - 3487 - 0000			
대리인에 의한 고소	□ 법정대리인 (성명 : , 연락처) □ 소송대리인 (성명 : 변호사, 연락처)			

2.피고소인

성명	○ ○ ○		주민등록번호	생략
주소	인천시 ○○구 ○○로 ○○길 ○○○,			
직업	생략	사무실 주 소	생략	
전화	(휴대폰) 010 - 4825 - 0000			
기타사항	고소인과의 관계 - 친·인척관계 없습니다.			

3.고소취지

고소인은 피고소인에 관하여 다음과 같이 형법 제156조 무고죄로 고소하오니 법에 준엄함을 깨달을 수 있도록 철저히 수사하여 엄벌에 처해 주시기 바랍니다.

4.범죄사실

(1) 피고소인은 인천광역시 부평구 ○○로길 ○○, 소재에서 부동산 임대업을 하고 있는 자인 바, 고소인을 형사처벌 받게 할 목적으로,

　　가, ○○○○. ○○. ○○. 인천시 부평구 ○○로길 ○○, ○○주차장에서 피고소인이 채무자로부터 받은 ○○○○년식 벤츠 ○○○승용차를 운전기사가 없어 탈수가 없게 되자 고소인에게 등기비용으로 ○○○만원만 주고 수리해서 탄 다음 정산은 나중에 하기로 하고 준 차를 고소인이 ○,○○○만원 이상의 수리비를 들여 등록하고 타고 있는 것을 편취 당하였다고 고소인을 고소하였고,

　　나, ○○○○. ○○. ○○. 고소인에게 피고소인의 에쿠스 ○○○승용차를 빌려 주었는데도 1개월이 지나도록 돌려주지 않아 고소인의 집에 찾아와서 피고소인이 직접 동 에쿠스 ○○○승용차를 회수하여 갔음에도 고소인에게 강취 당하였다고 고소인을 고소하고,

　　다, 피고소인은 피해 진술을 할 때 고소인이 피고소인에게 승용차 드렁크에 마약이 실려 있다라는 말을 하고 에쿠스 ○○○승용차를 고소인이 빼앗아 갔다고 허위 사실을 진술하여 고소인을 무고한 것입니다.

(2) 고소인은 피고소인이 고소인올 치벌받게 할 목적으로 허위의 사실로 고소하였으므로 피고소인을 형법 제156조 무고죄로 고소하오니 피고소인을 철저히 수사하여 법에 준엄함을 깨달을 수 있도록 엄벌에 처해 주시기 바랍니다.

5.증거자료

□ 고소인은 고소인의 진술 외에 제출할 증거가 없습니다.

■ 고소인은 고소인의 진술 외에 제출할 증거가 있습니다.

　☞ 제출할 증거의 세부내역은 별지를 작성하여 첨부합니다.

6.관련사건의 수사 및 재판여부

① 중복 고소여부	본 고소장과 같은 내용의 고소장을 다른 검찰청 또는 경찰서에 제출하거나 제출하였던 사실이 있습니다 □ / 없습니다 ■
② 관련 형사사건 수사유무	본 고소장에 기재된 범죄사실과 관련된 사건 또는 공범에 대하여 검찰청이나 경찰서에서 수사 중에 있습니다 □ / 수사 중에 있지 않습니다 ■
③ 관련 민사소송 유무	본 고소장에 기재된 범죄사실과 관련된 사건에 대하여 법원에서 민사소송 중에 있습니다 □ / 민사소송 중에 있지 않습니다 ■

7.기타

　본 고소장에 기재한 내용은 고소인이 알고 있는 지식과 경험을 바탕으로 모두 사실대로 작성하였으며, 만일 허위사실을 고소하였을 때에는 형법 제156조 무고죄로 처벌받을 것임을 아울러 서약합니다.

○○○○ 년 ○○ 월 ○○ 일

위 고소인 : ○ ○ ○　　(인)

인천시 ○○경찰서장 귀중

별지 : 증거자료 세부 목록

    (범죄사실 입증을 위해 제출하려는 증거에 대하여 아래 각 증거별로 해당
난을 구체적으로 작성해 주시기 바랍니다)

1. 인적증거

성 명	○ ○ ○	주민등록번호	생략		
주 소	인천시 ○○구 ○○로 ○○, ○○○호			직업	상업
전 화	(휴대폰) 010 - 2356 - 0000				
입증하려는 내 용	위 ○○○은 고소인에게 피고소인이 차량을 인도한 과정 등을 소상히 잘 알고 있어 이를 입증하고자 합니다.				

2. 증거서류

순번	증 거	작성자	제출 유무
1	녹취록	피고소인	■ 접수시 제출　□ 수사 중 제출
2	진술서	고소인	■ 접수시 제출　□ 수사 중 제출
3			□ 접수시 제출　□ 수사 중 제출
4			□ 접수시 제출　□ 수사 중 제출
5			□ 접수시 제출　□ 수사 중 제출

3. 증거물

순번	증 거	소유자	제출 유무	
1	진술서	고소인	■ 접수시 제출	□ 수사 중 제출
2			□ 접수시 제출	□ 수사 중 제출
3			□ 접수시 제출	□ 수사 중 제출
4			□ 접수시 제출	□ 수사 중 제출
5			□ 접수시 제출	□ 수사 중 제출

4. 기타증거

추후 필요에 따라 제출하겠습니다.

(4) 무고죄 고소장 - 공사와 관련하여 아무런 관련이 없음에도 형사처벌을 받게할 목
적으로 허위 신고하여 처벌을 요구하는 무고죄 고소장 최신서식

고 소 장

고 소 인 : ○ ○ ○

피 고 소 인 : ○ ○ ○

수원시 ○○경찰서장 귀중

고 소 장

1.고소인

성명	○ ○ ○		주민등록번호	생략
주소	수원시 ○○구 ○○로 ○○길 ○○, ○○○호			
직업	생략	사무실 주 소	생략	
전화	(휴대폰) 010 - 2378 - 0000			
대리인에 의한 고소	□ 법정대리인 (성명 : , 연락처) □ 소송대리인 (성명 : 변호사, 연락처)			

2.피고소인

성명	○ ○ ○		주민등록번호	생략
주소	수원시 ○○구 ○○로 ○○길 ○○○,			
직업	상업	사무실 주 소	생략	
전화	(휴대폰) 010 - 4789 - 0000			
기타사항	고소인과의 관계 - 친·인척관계 없습니다.			

3.고소취지

　　고소인은 피고소인에 관하여 다음과 같이 형법 제156조 무고죄로 고소하오니 법에 준엄함을 깨달을 수 있도록 철저히 수사하여 엄벌에 처해 주시기 바랍니다.

4.범죄사실

(1) 고소인과 피고소인의 관계

　　고소인은 현재 직업이 ○○화재해상 주식회사 ○○지점에서 근무하는 회사원이고, 피고소인은 종교인이며, 고소인은 피고소인을 전혀 알지 못하는 사람이며 다만 고소인이 살고 있는 아파트 앞에 사찰을 건축하려는 사람으로 알고 있습니다.

(2) 고소제기

　　피고소인은 고소인을 대전지방검찰청 홍성지청에 업무방해혐의로 고소하여 고소인은 홍성지청으로부터 출두요구서를 받고 조사를 받은 사실이 있는바 고소인에 대한 피고소인의 주장은 전혀 사실이 아닙니다.

　　피고소인이 고소장에서 주장한 업무방해혐의와 관련하여 본 고소인은 상장회사의 정규직원으로서 사무실까지의 출근시간이 1시간이상 소요되기 때문에 평일 날은 아침 06시 20분 이면 예외 없이 출근하기 때문에 공사현장을 찾아간 적이 없습니다.

　　그럼에도 피고소인은 ○○○○. ○○. ○○.(월) ○○일(화) ○○일(목)날 고소인이 자신의 공사현장에서 업무를 방해했다는 혐의로 고소인을 고소하면서 엄벌에 처해달라고 한 것은 명백히 무고죄에 해당됨으로 법에 따라 저리해 술것을 요구합니다.

　　피고소인은 객관적인 증거도 없이 인적사항만 확보되면 본 고소인과 같은 무고한 주민들을 상대로 무분별한 고소를 남발하여 다수 주민들에게 두려움과 공포심을 주었을 뿐만 아니라 이웃 간의 신뢰와 친분관계마저 어지럽히는 등 기본적인 행복추구권을 위협하고 있습니다.

이와 같이 비이성적이고 반사회적인 행위는 종교인이기 이전에 건전한 사회구성원으로서도 도저히 용납되어서는 안 될 것입니다.

단순히 진실이 밝혀져 무혐의로 종결되면 되는 것이 아닙니다.

아직도 다수의 보통사람들은 경찰, 검찰의 수사를 받는다는 것이 엄청난 스트레스이자 두려움으로 느껴지고 있고 실질적으로 자신도 모르게 죄의식 같은 느낌에 사로잡혀 괴로워 하거나 사회생활에 영향을 받는 경우가 많습니다.

(3) 고소취하

또한 피고소인은 자신의 필요에 의해서 자신이 정한 본 고소인과의 대질일자(○○○○. ○○. ○○. 15시)를 하루 전에 취소함으로써 이미 담당수사관의 간곡한 협조요청으로 약속된 일정을 취소하고 대질시간을 지키려고 했던 본 고소인은 또 한 번 일정의 차질을 빚는 등 피해를 보게 되었습니다.

(4) 무고

결국 피고소인은 자신의 공사와 관련하여 아무런 관련 혐의가 없는 고소인을 처벌받게 하거나 일단 본 떼를 보여 주민들의 기를 죽이고 괴롭히는 데 목적이 있다 할 것입니다.

이는 매우 파렴치한 행위이며 명백히 서민생활의 침해사범이라 할 수 있을 것입니다.

(5) 결어

따라서 본 고소인은 피고소인의 고소인에 대한 무고혐의를 철저히 조사하여 법에 따라 엄격히 처리하여 주시기를 바라면서 본 고소장을 제출합니다.

5. 증거자료

□ 고소인은 고소인의 진술 외에 제출할 증거가 없습니다.

■ 고소인은 고소인의 진술 외에 제출할 증거가 있습니다.

☞ 제출할 증거의 세부내역은 별지를 작성하여 첨부합니다.

6. 관련사건의 수사 및 재판여부

① 중복 고소여부	본 고소장과 같은 내용의 고소장을 다른 검찰청 또는 경찰서에 제출하거나 제출하였던 사실이 있습니다 □ / 없습니다 ■
② 관련 형사사건 수사유무	본 고소장에 기재된 범죄사실과 관련된 사건 또는 공범에 대하여 검찰청이나 경찰서에서 수사 중에 있습니다 □ / 수사 중에 있지 않습니다 ■
③ 관련 민사소송 유무	본 고소장에 기재된 범죄사실과 관련된 사건에 대하여 법원에서 민사소송 중에 있습니다 □ / 민사소송 중에 있지 않습니다 ■

7. 기타

본 고소장에 기재한 내용은 고소인이 알고 있는 지식과 경험을 바탕으로 모두 사실대로 작성하였으며, 만일 허위사실을 고소하였을 때에는 형법 제156조 무고죄로 처벌받을 것임을 아울러 서약합니다.

○○○○ 년 ○○ 월 ○○ 일

위 고소인 : ○ ○ ○   (인)

수원시 ○○경찰서장 귀중

별지 : 증거자료 세부 목록
　　(범죄사실 입증을 위해 제출하려는 증거에 대하여 아래 각 증거별로 해당
　　난을 구체적으로 작성해 주시기 바랍니다)

1. 인적증거

성　　명	○ ○ ○	주민등록번호	생략		
주　　소	수원시 ○○구 ○○로 ○○, ○○○호			직업	회사원
전　　화	(휴대폰) 010 - 4432 - 0000				
입증하려는 내　　용	위 ○○○은 고소인의 옆집에 살고 있으며 이 사건의 경위에 대하여 자세하게 알고 있으므로 이를 입증하고자 합니다.				

2. 증거서류

순번	증　거	작성자	제출 유무	
1	녹취록	고소인	■ 접수시 제출	□ 수사 중 제출
2	진술서	피고소인	■ 접수시 제출	□ 수사 중 제출
3			□ 접수시 제출	□ 수사 중 제출
4			□ 접수시 제출	□ 수사 중 제출
5			□ 접수시 제출	□ 수사 중 제출

3.증거물

순번	증 거	소유자	제출 유무	
1	진술서	고소인	■ 접수시 제출	□ 수사 중 제출
2			□ 접수시 제출	□ 수사 중 제출
3			□ 접수시 제출	□ 수사 중 제출
4			□ 접수시 제출	□ 수사 중 제출
5			□ 접수시 제출	□ 수사 중 제출

4.기타증거

추후 필요에 따라 제출하겠습니다.

고 소 장

고 소 인 : ○ ○ ○

피 고 소 인 : ○ ○ ○

전라북도 익산경찰서장 귀중

고 소 장

1.고 소 인

성명	○ ○ ○		주민등록번호	생략
주소	전라북도 익산시 ○○로 ○○, ○○-○○호			
직업	사업	사무실 주 소	생략	
전화	(휴대폰) 010 - 7123 - 0000			
대리인에 의한 고소	□ 법정대리인 (성명 :　　, 　　연락처　　　　) □ 소송대리인 (성명 : 변호사,　연락처　　　　)			

2.피고소인

성명	○ ○ ○		주민등록번호	생략
주소	잔라북도 익산시 ○○로 ○길 ○○○, ○호			
직업	무직	사무실 주 소	모릅니다.	
전화	(휴대폰) 010 - 4589 - 0000			
기타사항	고소인과의 관계 - 친·인척관계 없습니다.			

3. 고소취지

　　고소인은 피고소인을 형법 제347조 제1항 사기죄 차용금사기혐의로 고소하오니 피고소인을 철저히 수사하여 법에 준엄함을 깨달을 수 있도록 엄중 처벌하여 주시기 바랍니다.

4. 범죄사실

(1) 피고소인과 고소인의 관계

　　피고소인은 과수원을 운영하고 있고, 고소인은 피고소인을 주변에서 잘 아는 사람의 소개로 알게 되었습니다.

(2) 피고소인의 기망행위

　　가, 피고소인은 고소인에게 ○○○○. ○○. ○○. 15:40경 찾아와서 급하게 자금이 필요하다며 30일만 대여해 줄 것을 요청했습니다

　　나, 고소인은 피고소인을 아주 오랫동안 알아온 사이는 아니었지만 30일 만에 돈을 갚겠다는 말과 피고소인이 과수원을 운영하고 있는 사실을 고려하여 이를 믿고 ○○○○. ○○. ○○.피고소인이 지정하여준 피고소인의 예금통장인 국민은행 ○○○-○○○○○○-○○-○○○에 금 52,500,000원을 송금처리 하여 주었습니다.

　　다, 그런데 어찌된 일인지 변제기일이 지나도 돈을 갚지 않아 고소인은 피고소인에게 위 돈을 변제할 것을 요구하였으나 피고소인은 사과를 공급하였는데 그 대금을 지급받아 변제하겠다며 조금만 더 시간을 달라고만 했을 뿐 변제를 하지 않았습니다.

　　라, 그리고 피고소인이 ○○시 ○○로에 있는 빌라가 팔리는 대로 바로 변제하겠다고 했습니다. 후일 알게 된 사실이지만, 이 집은 피고소인의 소유도 아니라 피고소인이 이 집을 월세를 주고 거주하는 임차인이었습니다.

피고소인은 이렇듯 고소인에게 여러 가지 거짓말 등을 하여 금원을 편취하여 갔습니다. 고소인은 좀 이상하다고 여기고 피고소인의 소유라고 하던 과수원에 대하여 등기부등본을 발급받아 보았는데 피고소인의 소유가 아니었습니다.

마, 피고소인은 돈이 들어오는 즉시로 고소인에게 전액 변제할 것을 약속하고 위 금원 52,500,000원을 편취해 간 후 피고소인은 ○○○○. ○○. ○○. 과수원을 빌려서 운영하던 것을 정리한 상태였고, 전화통화도 전혀 안 되고 있으며, 현재 행방이 묘연한 상태여서 고소인으로서는 이 억울함을 어디에 호소해야 할지를 고민하고 있던 중에 피고소인을 사기죄로 이렇게 고소하기에 이른 것이오니 철저히 수사하여 엄벌에 처하여 주시가랍니다.

5. 고소이유

(1) 위와 같이 피고소인은 고소인으로부터 돈을 차용하더라도 제때 갚을 의사나 능력이 전혀 없이 고소인을 속이고 금 52,500,000원을 차용명목으로 교부받아 편취한 것입니다.

(2) 피고소인을 처벌하지 않고 이대로 방치한 다면 계속해서 선의의 피해자를 상대로 사기행각을 할 소지가 다분히 있으므로 다시는 이러한 범법행위를 하지 못하도록 경종을 울리고 철저히 수사하여 엄중 처벌해야 한다고 생각하고 본건 고소에 이른 것입니다.

6. 증거자료

□ 고소인은 고소인의 진술 외에 제출할 증거가 없습니다.
■ 고소인은 고소인의 진술 외에 제출할 증거가 있습니다.
☞ 제출할 증거의 세부내역은 별지를 작성하여 첨부합니다.

7.관련사건의 수사 및 재판 여부

① 중복 고소여부	본 고소장과 같은 내용의 고소장을 다른 검찰청 또는 경찰서에 제출하거나 제출하였던 사실이 있습니다 □ / 없습니다 ■
② 관련 형사사건 수사유무	본 고소장에 기재된 범죄사실과 관련된 사건 또는 공범에 대하여 검찰청이나 경찰서에서 수사 중에 있습니다 □ / 수사 중에 있지 않습니다 ■
③ 관련 민사소송 유무	본 고소장에 기재된 범죄사실과 관련된 사건에 대하여 법원에서 민사소송 중에 있습니다 □ / 민사소송 중에 있지 않습니다 ■

8.기타

본 고소장에 기재한 내용은 고소인이 알고 있는 지식과 경험을 바탕으로 모두 사실대로 작성하였으며, 만일 허위사실을 고소하였을 때에는 형법 제156조 무고죄로 처벌받을 것임을 서약합니다.

○○○○년 ○○ 월 ○○ 일

위 고소인 : ○ ○ ○ 　　(인)

전라북도 익산경찰서장 귀중

별지 : 증거자료 세부 목록

　　(범죄사실 입증을 위해 제출하려는 증거에 대하여 아래 각 증거별로 해당
　　난을 구체적으로 작성해 주시기 바랍니다)

1. 인적증거

성　명	○ ○ ○	주민등록번호	생략		
주　소	자택 : 익산시 ○○로 ○○-○○호 직장 : 익산시 ○○로 ○○○, ○○○호			직업	상업
전　화	(휴대폰) 010 - 3211 - 0000				
입증하려는 내　용	위 ○○○은 피고소인의 구체적인 기망행위에 대하여 잘 알고 있으므로 이를 입증하고자 합니다.				

2. 증거서류

순번	증　거	작성자	제출 유무
1	등기부등본	고소인	■ 접수시 제출　　□ 수사 중 제출
2	영수증	피고소인	■ 접수시 제출　　□ 수사 중 제출
3	송금영수증	피고소인	■ 접수시 제출　　□ 수사 중 제출
4	사실확인서	참고인	■ 접수시 제출　　□ 수사 중 제출
5			□ 접수시 제출　　□ 수사 중 제출

3. 증거물

순번	증 거	소유자	제출 유무	
1	등기부등본	고소인	■ 접수시 제출	□ 수사 중 제출
2	영수증	고소인	■ 접수시 제출	□ 수사 중 제출
3	송금영수증	고소인	■ 접수시 제출	□ 수사 중 제출
4	사실확인서	고소인	■ 접수시 제출	□ 수사 중 제출
5			□ 접수시 제출	□ 수사 중 제출

4. 기타증거

추후 필요에 따라 제출하겠습니다.

고 소 장

고　소　인 : ○　○　○

피 고 소 인 : ○　○　○

경북 포항경찰서장 귀중

고 소 장

1.고 소 인

성명	○ ○ ○	주민등록번호	생략
주소	경상북도 포항시 ○○로 ○○, ○○-○○호		
직업	사업 / 사무실 주 소	생략	
전화	(휴대폰) 010 - 7123 - 0000		
대리인에 의한 고소	□ 법정대리인 (성명 : , 연락처) □ 소송대리인 (성명 : 변호사, 연락처)		

2.피고소인

성명	○ ○ ○	주민등록번호	생략
주소	경상북도 포항시 ○○로 ○길 ○○○, ○호		
직업	무직 / 사무실 주 소	모릅니다.	
전화	(휴대폰) 010 - 4589 - 0000		
기타사항	고소인과의 관계 - 친·인척관계 없습니다.		

3.고소취지

고소인은 피고소인을 형법 제347조 제1항 사기죄 차용금사기혐의로 고소하오니 피고소인을 철저히 수사하여 법에 준엄함을 깨달을 수 있도록 엄중 처벌하여 주시기 바랍니다.

4.범죄사실

(1) 당사자 관계

○ 고소인은 포항시 ○○○로 ○○ 소재에서 ○○공업사 라는 상호로 자동차 경정비업소를 운영하고 있고, 피고소인은 일정한 직업도 없는 자인데, 고소인의 고향 선배 되는 사람입니다.

(2) 기망행위

○ 피고소인이 고소인에게 찾아와서 포항시 ○○로 ○○, 일대에 빌라 36세대를 건축하는데 자금이 부족하다며 고소인에게 돈 100,000,00   0원을 빌려주면 넉넉히 5개월 후면 반드시 갚을 것이라고 하면서 피고소인이 가지고 있는 위 빌라의 분양계약서를 담보로 제공하겠다고 하였습니다.

○ 그래서 고소인은 피고소인을 믿고 피고소인이 교부한 위 빌라에 대한 분양계약서 2매를 ○○○○. ○○. ○○. 교부받고 금 5,000만원은 현금으로 고소인에게 직접 건네주고 영수증을 받았고, 나머지 5,000만원은 피고소인의 아들 명의로 된 국민은행 계좌번호 국민은행 ○○-○○○-○○○-○○○○로 당일 날 송금하여 총 100,000,000원을 지급했습니다.

○ 피고소인이 위 금액에 대한 지급일자가 지나도 변제할 생각을 하지 않아 고소인이 이상하게 생각하고 분양계약서를 가지고 확인해 보니 이미 피고소인이 운영하던 ○○건설이 부도났기 때문에 고소인에게 건네준 분양계약서는 아무런 소용이 없는 무용지물이라는 사실을 알게 된 것이고 피고소인은 빌라에 대한 신축부지를 매입하였다고 하였으나 등기부등본에 의

하면 처음부터 분양계약서에 적혀있는 토지를 매입한 사실도 없었고 고소인이 피고소인에게 전화를 걸어도 피고소인은 전화자체를 받지 않고, 메시지를 보내도 연락이 전혀 되지 않아 법에 호소할 수밖에 없어서 고소를 제기하게 된 것입니다.

5.고소이유

(1) 위와 같이 피고소인은 고소인으로부터 돈을 차용하더라도 제때 갚을 의사나 능력이 전혀 없이 고소인을 속이고 2회에 걸쳐 금 100,000,000원을 차용명목으로 교부받아 편취한 것입니다.

(2) 피고소인을 처벌하지 않고 이대로 방치한 다면 계속해서 선의의 피해자를 상대로 사기행각을 할 소지가 다분히 있으므로 다시는 이러한 범법행위를 하지 못하도록 경종을 울리고 철저히 수사하여 엄중 처벌해야 한다고 생각하고 본건 고소에 이른 것입니다.

6.증거자료

□ 고소인은 고소인의 진술 외에 제출할 증거가 없습니다.
■ 고소인은 고소인의 진술 외에 제출할 증거가 있습니다.

☞ 제출할 증거의 세부내역은 별지를 작성하여 첨부합니다.

7.관련사건의 수사 및 재판 여부

① 중복 고소여부	본 고소장과 같은 내용의 고소장을 다른 검찰청 또는 경찰서에 제출하거나 제출하였던 사실이 있습니다 □ / 없습니다 ■
② 관련 형사사건 수사유무	본 고소장에 기재된 범죄사실과 관련된 사건 또는 공범에 대하여 검찰청이나 경찰서에서 수사 중에 있습니다 □ / 수사 중에 있지 않습니다 ■
③ 관련 민사소송 유무	본 고소장에 기재된 범죄사실과 관련된 사건에 대하여 법원에서 민사소송 중에 있습니다 □ / 민사소송 중에 있지 않습니다 ■

8.기타

　본 고소장에 기재한 내용은 고소인이 알고 있는 지식과 경험을 바탕으로 모두 사실대로 작성하였으며, 만일 허위사실을 고소하였을 때에는 형법 제156조 무고죄로 처벌받을 것임을 서약합니다.

○○○○년　○○　월　○○　일

위 고소인 :　○　○　○　　　(인)

경북 포항경찰서장 귀중

별지 : 증거자료 세부 목록

(범죄사실 입증을 위해 제출하려는 증거에 대하여 아래 각 증거별로 해당
난을 구체적으로 작성해 주시기 바랍니다)

1. 인적증거

성 명	○ ○ ○		주민등록번호	생략		
주 소	자택 : 포항시 ○○로 ○○-○○호 직장 : 포항시 ○○로 ○○○, ○○○호				직업	공사업
전 화	(휴대폰) 010 - 3211 - 0000					
입증하려는 내 용	위 ○○○은 피고소인의 구체적인 기마망행위에 대하여 건축시 공자로서 잘 알고 있으므로 이를 입증하고자 합니다.					

2. 증거서류

순번	증 거	작성자	제출 유무	
1	등기부등본	고소인	■ 접수시 제출	□ 수사 중 제출
2	분양계약서	피고소인	■ 접수시 제출	□ 수사 중 제출
3	영수증	피고소인	■ 접수시 제출	□ 수사 중 제출
4	송금영수증	고소인	■ 접수시 제출	□ 수사 중 제출
5			□ 접수시 제출	□ 수사 중 제출

3. 증거물

순번	증 거	소유자	제출 유무
1	분양계약서	고소인	■ 접수시 제출　□ 수사 중 제출
2	영수증	고소인	■ 접수시 제출　□ 수사 중 제출
3	송금영수증	고소인	■ 접수시 제출　□ 수사 중 제출
4	등기부등본	고소인	■ 접수시 제출　□ 수사 중 제출
5			□ 접수시 제출　□ 수사 중 제출

4. 기타증거

추후 필요에 따라 제출하겠습니다.

(7) 고소장 – 특정경제범죄 사기죄 매매계약을 속여 매매대금을 교부받아 착복하여
가중처벌을 요구하는 고소장 최신서식

고 소 장

고 소 인 : ○ ○ ○

피 고 소 인 : ○ ○ ○

전주지방검찰청 정읍지청장 귀중

고 소 장

1.고소인

성명	○ ○ ○	주민등록번호	생략
주소	전라북도 정읍시 ○○로 ○길 ○○, ○○○호		
직업	생략	사무실 주 소	생략
전화	(휴대폰) 010 - 2781 - 0000		
대리인에 의한 고소	□ 법정대리인 (성명 : , 연락처) □ 소송대리인 (성명 : 변호사, 연락처)		

2.피고소인

성명	○ ○ ○	주민등록번호	생략
주소	정읍시 ○○○로 ○번길 ○○, ○○○-○○○호		
직업	상업	사무실 주 소	생략
전화	(휴대폰) 010 - 1267 - 0000		
기타사항	고소인과의 관계 - 친·인척관계 없습니다.		

3. 고소취지

피고소인이 고소인을 속여 고소인으로부터 금 600,000,000원을 편취하여 고소하니 피고소인을 철저히 수사하여 법의 준엄함을 절실히 깨달을 수 있도록 위 법사실을 수사하여 엄중히 처벌하여 주시기 바랍니다.

4. 범죄사실

(1) 적용법조

○ 특정경제범죄 가중처벌 등에 관한 법률 제3조 제1항은 형법 제347조(사기), 제350조(공갈), 제351조(제347조 및 제350조의 상습범에 한합니다), 제355조(횡령, 배임), 제356조(업무상의 횡령과 배임)의 죄를 범한 자는 그 범죄행위로 인하여 취득하거나 제3자로 하여금 취득하게 한 그 재물 또는 재산상 이익의 가액이 5억 원 이상인 때에는

1. 이득 액이 50억 원 이상인 때에는 무기 또는 5년 이상의 징역,
2. 이득 액이 5억 원 이상 50억 원 미만인 때에는 3년 이상의 유기징역에 처합니다.

(2) 당사자의 관계

○ 고소인과 피고소인은 아무런 친·인척관계가 없으며, 고소인은 주소지에서 건설업을 하고 있고, 피고소인은 주소지에 거주하고 정읍시 ○○로길 ○○.에 있는 토지, 건물을 소유하고 있습니다.

(3) 고소이유

가, 고소인은 ○○○○. ○○. ○○. ○○:○○경에 토지를 매입하여 이곳에 다세대주택을 건축하여 분양하기로 하고 부동산을 물색하고 있던 중 우연히 피고소인이 소유하고 있는 전라북도 정읍시 ○○로길 ○○, 소재 토지 ○○○.○○㎡를 매입하려고 위 부동산을 둘러보고 금 800,000,000원에 매수하기로 했습니다.

나, 고소인은 피고소인이 소유하는 위 부동산을 매입할 당시 건물(주택)에는 아무도 살지 않고 임차인도 없고 임차인이 있더라도 임대차보증금은 매매대금에 포함시켜 매도자인 피고소인이 해결하기로 하고 매매대금을 상환으로 위 부동산을 인도하기로 하였습니다.

다, 고소인은 매매계약에 따라 계약금 100,000,000원을 계약당일 지급하였고 중도금을 ○○○○. ○○. ○○. 금 200,000,000원을 지급하였고, 2차 중도금을 ○○○○. ○○. ○○. 금 100,000,000원을 지급하였고 3차 중도금 ○○○○. ○○. ○○. 금 200,000,000원을 지급하고 잔금 금 200,000,000원은 소우권이전등기서류를 상환으로 지급하기로 하였습니다.

라, 잔금지급기일에 이르러 200,000,000원을 가지고 피고소인에게 찾아가 소유권이전등기에 필요한 서류를 요구하면서 마지막으로 등기부등본을 발급받아 보았는데 전혀 위 부동산에는 임차인이 없다고 해서 매매계약서에 기재하고 매매계약을 체결한 것인데 ○○○○. ○○. ○○.(매매계약 ○○○○. ○○. ○○.체결한 24일 후) 고소 외 ○○○의 전세권설정등기 금 200,000,000원은 고소인이 피고소인과 매매계약을 체결한 이후 한 달도 채 지나지 않아 등기가 되어있었고, 고소 외 ○○○은 ○○○○. ○○. ○○. 고소인이 중도금 1차를 지급할 무렵에 금 300,000,000원의 전세권설정등기가 각 등재되어 있어 피고소인에게 권리관계를 잔금지급기일을 기준으로 하여 해제를 요구하자 아무런 대안을 제시하지 못하는 바람에 결국 고소인은 잔금 200,000,000원을 지급하지 못했습니다.

마, 그 이후 고소인은 피고소인에게 내용증명을 발송하고 ○○○○. ○○. ○○.까지 매매부동산에 대한 권리관계 위 전세권설정등기를 말소하고 잔금 금 200,000,000원을 수령과 동시에 소유권이전등기서류를 교부하라고 발송하였음에도 불구하고 현재에 이르기까지 아무런 연락도 없습니다.

바, 피고소인은 의도적으로 고소인에게 위 부동산의 매매계약을 체결하더라도 소유권을 이전할 의사도 없이 부동산의 매매대금 총 800,00 0,000원 중에서 계약금을 비롯하여 중도금을 포함하여 총 600,000 ,000원을 지급받은 상태에서 잔금 200,000,000원을 상환으로 위 부동산에 등재되어 있는 권리관계(전세권설정등기)를 모두 말소하고 소유권이전등기를 하여야 할 의무가 있음에도 불구하고 오히려 피고소인은 매매계약을 체결한 이후 고소 외 ○○○에게 금 200,000,000원으로 하는 전세권설정등기를 경료 해주었고, 고소 외 ○○○에게 금 300,000,000원으로 하는 전세권설정등기를 경료 하여 도 합계 금 500,000,000원 상당의 전세권설정등기를 경료 한 것만 보더라도 피고소인은 처음부터 고소인에게 위 부동산을 매매하더라도 소유권을 이전할 의사가 없으면서 위 부동산을 고소인에게 매매하였습니다.

사, 이에 고소인은 계속해서 피고소인에게 이 사건 부동산에 대한 매매계약의 위약으로 고소인이 지급한 계약금 금 100,000,000원의 배액배상 금 200,000,000원을 요구하고 나머지 중도금 금 500,000,000원을 포함하여 총 700,000,000원을 반환하라고 촉구하였으나 아무런 연락도 없이 아예 감적하였습니다.

아, 고소인은 피고소인을 특정경제범죄 가중처벌 등에 관한 법률 제3조 제1항 형법 제347조(사기),에 의하여 고소하게 된 것이오니 피고소인을 철저히 수사하여 엄벌에 처하여 주시기 바랍니다.

5.증거자료

□ 고소인은 고소인의 진술 외에 제출할 증거가 없습니다.

■ 고소인은 고소인의 진술 외에 제출할 증거가 있습니다.

☞ 제출할 증거의 세부내역은 별지를 작성하여 첨부합니다.

6.관련사건의 수사 및 재판여부

① 중복 고소여부	본 고소장과 같은 내용의 고소장을 다른 검찰청 또는 경찰서에 제출하거나 제출하였던 사실이 있습니다 □ / 없습니다 ■
② 관련 형사사건 수사유무	본 고소장에 기재된 범죄사실과 관련된 사건 또는 공범에 대하여 검찰청이나 경찰서에서 수사 중에 있습니다 □ / 수사 중에 있지 않습니다 ■
③ 관련 민사소송 유무	본 고소장에 기재된 범죄사실과 관련된 사건에 대하여 법원에서 민사소송 중에 있습니다 □ / 민사소송 중에 있지 않습니다 ■

7.기타

본 고소장에 기재한 내용은 고소인이 알고 있는 지식과 경험을 바탕으로 모두 사실대로 작성하였으며, 만일 허위사실을 고소하였을 때에는 형법 제156조 무고죄로 처벌받을 것임을 아울러 서약합니다.

○○○○ 년 ○○ 월 ○○ 일

위 고소인 : ○ ○ ○   (인)

전주지방검찰청 정읍지청장 귀중

별지 : 증거자료 세부 목록

(범죄사실 입증을 위해 제출하려는 증거에 대하여 아래 각 증거별로 해당
난을 구체적으로 작성해 주시기 바랍니다)

1. 인적증거

성 명	○ ○ ○	주민등록번호	생략		
주 소	정읍시 ○○로 ○길 ○○, ○○○호			직업	회사원
전 화	(휴대폰) 010 - 2390 - 0000				
입증하려는 내 용	위 ○○○은 고소인이 피고소인과 매매계약을 체결한 사실과 권리관계의 말소를 요구한 사실에 대하여 옆에서 직접 입회한 사실이 있어 이를 입증하고자 합니다.				

2. 증거서류

순번	증 거	작성자	제출 유무
1	부동산 매매계약서	고소인	■ 접수시 제출　□ 수사 중 제출
2	매매대금지급영수증	고소인	■ 접수시 제출　□ 수사 중 제출
3	등기부등본	고소인	■ 접수시 제출　□ 수사 중 제출
4	내용증명서	고소인	■ 접수시 제출　□ 수사 중 제출
5	잔금 수표 사진	고소인	■ 접수시 제출　□ 수사 중 제출

3. 증거물

순번	증 거	소유자	제출 유무
1	부동산매매계약서	고소인	■ 접수시 제출　□ 수사 중 제출
2	내용증명서	고소인	□ 접수시 제출　□ 수사 중 제출
3			□ 접수시 제출　□ 수사 중 제출
4			□ 접수시 제출　□ 수사 중 제출
5			□ 접수시 제출　□ 수사 중 제출

4. 기타증거

추후 필요에 따라 제출하겠습니다.

(8) 고소장 - 특정경제범죄 사기죄 동업을 하자며 거짓말로 자금을 교부받아 도박
자금으로 낭비하여 처벌을 요구하는 고소장 최신서식

고 소 장

고 소 인 : ○　○　○

피 고 소 인 : ○　○　○

의정부지방검찰청 검사장 귀중

고 소 장

1.고소인

성명	○ ○ ○	주민등록번호	생략
주소	의정부시 ○○로 ○길 ○○, ○○○-○○○○호		
직업	생략	사무실 주 소	생략
전화	(휴대폰) 010 - 3467 - 0000		
대리인에 의한 고소	□ 법정대리인 (성명 : , 연락처) □ 소송대리인 (성명 : 변호사, 연락처)		

2.피고소인

성명	○ ○ ○	주민등록번호	생략
주소	무지		
직업	없음	사무실 주 소	없음
전화	(휴대폰) 010 - 5634 - 0000		
기타사항	고소인과의 관계 - 친·인척관계 없습니다.		

3.고소취지

    피고소인이 고소인을 속여 고소인으로부터 금 530,000,000원을 편취하여 고소하니 피고소인을 철저히 수사하여 법의 준엄함을 절실히 깨달을 수 있도록 위 법사실을 수사하여 엄중히 처벌하여 주시기 바랍니다.

4.범죄사실

(1) 적용법조

    ○ 특정경제범죄 가중처벌 등에 관한 법률 제3조 제1항은 <u>형법 제347조(사기)</u>, 제350조(공갈), 제351조(제347조 및 제350조의 상습범에 한합니다), 제355조(횡령, 배임), 제356조(업무상의 횡령과 배임)의 죄를 범한 자는 그 범죄행위로 인하여 취득하거나 제3자로 하여금 취득하게 한 그 재물 또는 재산상 이익의 가액이 5억 원 이상인 때에는

        1. 이득 액이 50억 원 이상인 때에는 무기 또는 5년 이상의 징역,

        2. 이득 액이 5억 원 이상 50억 원 미만인 때에는 3년 이상의 유기징역에 처합니다.

(2) 당사자의 관계

    ○ 고소인과 피고소인은 아무런 친·인척관계가 없으며, 고소인은 주소지에서 개인사업을 준비하고 있고, 피고소인은 일정한 주소지가 없고 인터넷도박이나 강원도 소재 모 카지노에서 도박을 일삼는 자입니다.

(3) 고소이유

    가, 피고소인은 ○○○○. ○○. ○○. 고소인에게 문화 사업(오락프로그램)을 수입하여 판매하는 사업을 동업하자고 제의하여 고소인도 다른 사업을 하려고 때마침 물색 중에 있었기 때문에 순순히 수락한 사실이 있습니다.

나, 그런데 피고소인이 외국오락프로그램을 수입하여 흥행하면 필연적으로 많은 돈을 벌기 마련이니"○○프로그램"을 수입하자고 하여 서로 간에 의견 일치가 되었으나 피고소인은 자기 동생과 짜고 고소인의 돈을 편취할 것을 기도한 나머지 ○○○○. ○○. ○○. 고소인에게 위 오락프로그램을 수입한다 하더라도"쿼터"가 있어야 되는데 다행하게도 ○○○○. ○○. ○○. 판매할 수 있는"쿼터"를 ○○○에서 사놓았다, 당시 돈이 없어서 이자 돈을 얻어서 사놓았으니 그 돈을 빨리 갚아야 된다면서 피고소인은 고소인에게 금 300,000, 000원을 내 놓으라고 하여 ○○○○. ○○. ○○. 금 300,000,000원을 경기도 의정부시 ○○로길 ○○, 소재 ○○커피숍에서 피고소인을 만나 지급하였습니다.

다, 피고소인은 오락프로그램을 수입하면 검열이 끝나야만 빨리 판매할 수 있다며 물품대금으로 금 200,000,000원을 더 달라고 하면서 통관하는데 들어가는 교제비 명목으로 금 30,000,000원을 포함하여 금 2 30,000,000원을 요구하여 고소인은 이를 믿고 ○○○○. ○○. ○○. 하는 수 없이 금 230,000,000원을 인천시 ○○구 ○○로 ○○, ○○커피숍에서 피고소인을 만나 지급하여 총 금 530,000,000원을 교부하였습니다.

라, 그러나 피고소인이 오락프로그램을 ○○○○. ○○. ○○.까지 가지고 와서 판매할 수 있다고 하였으나 ○○○○. ○○. ○○.이 경과되어 아무런 연락이 없어 이상하게 생각하고 고소인이 오락프로그램을 알아본 바, 현재까지도 아무런 수속도 밟지 않았고, 후에 알게 된 일이지만 고소인으로부터 위 돈을 2회에 걸쳐 총 금 530,000,000원을 교부받아 피고소인은 인터넷에서 도박자금으로 사용하였거나 강원도 태백시에 있는 모 카지노에서 탕진하였는가하고 유흥비에 모두 낭비하였습니다.

마, 피고소인이 오락프로그램을 수입한다는 것도 거짓말이고 오락프로그램을 수입하는 금액으로 2회에 걸쳐 교부받은 금 500,000,000원과 교제비로 30,000,000원을 교부받은 것은 인터넷에서 도박자금으로 사용하였거나 강원도 모 카지노에서 모두 유흥비로 낭비한 것이므로 피고소인을 사기 죄로 고소하오니 엄벌에 처해 주시기 바랍니다.

바, 위 사실은 모두가 거짓으로 판명되었기에 앞으로 사회정화를 위하여 피고소인을 특정경제범죄 가중처벌 등에 관한 법률 제3조 제1항의 형법 제347조 제1항 사기죄로 고소하오니 법의 준엄함을 절실히 깨달을 수 있도록 엄히 처벌하여 주시기 바랍니다.

5.증거자료

□ 고소인은 고소인의 진술 외에 제출할 증거가 없습니다.

■ 고소인은 고소인의 진술 외에 제출할 증거가 있습니다.

☞ 제출할 증거의 세부내역은 별지를 작성하여 첨부합니다.

6.관련사건의 수사 및 재판여부

① 중복 고소여부	본 고소장과 같은 내용의 고소장을 다른 검찰청 또는 경찰서에 제출하거나 제출하였던 사실이 있습니다 □ / 없습니다 ■
② 관련 형사사건 수사유무	본 고소장에 기재된 범죄사실과 관련된 사건 또는 공범에 대하여 검찰청이나 경찰서에서 수사 중에 있습니다 □ / 수사 중에 있지 않습니다 ■
③ 관련 민사소송 유무	본 고소장에 기재된 범죄사실과 관련된 사건에 대하여 법원에서 민사소송 중에 있습니다 □ / 민사소송 중에 있지 않습니다 ■

7.기타

    본 고소장에 기재한 내용은 고소인이 알고 있는 지식과 경험을 바탕으로 모두 사실대로 작성하였으며, 만일 허위사실을 고소하였을 때에는 형법 제156조 무고죄로 처벌받을 것임을 아울러 서약합니다.

○○○○ 년 ○○ 월 ○○ 일

위 고소인 : ○　○　○　　(인)

의정부지방검찰청 검사장 귀중

별지 : 증거자료 세부 목록
　　　(범죄사실 입증을 위해 제출하려는 증거에 대하여 아래 각 증거별로 해당
　　　난을 구체적으로 작성해 주시기 바랍니다)

1. 인적증거

성　명	○ ○ ○	주민등록번호	생략		
주　소	의정부시 ○○로 ○길 ○○, ○○○호			직업	상법
전　화	(휴대폰) 010 - 8730 - 0000				
입증하려는 내　용	위 ○○○은 고소인과 같이 오락프로그램을 통관을 위하여 피고소인에게 인천시 ○○구 ○○로 ○○, 커피숍에서 같이 만난 사실이 있어 이를 입증하고자 합니다.				

2. 증거서류

순번	증　거	작성자	제출 유무
1	수표 5매사본(5억 원)	고소인	■ 접수시 제출 □ 수사 중 제출
2	수표 1매(교제비 3천)	고소인	■ 접수시 제출 □ 수사 중 제출
3	문자메시지	고소인	■ 접수시 제출 □ 수사 중 제출
4	카카오 톡 메시지	고소인	■ 접수시 제출 □ 수사 중 제출
5	녹취서	고소인	■ 접수시 제출 □ 수사 중 제출

3. 증거물

순번	증 거	소유자	제출 유무
1	수표 사본	고소인	■ 접수시 제출　□ 수사 중 제출
2	녹취서	고소인	■ 접수시 제출　□ 수사 중 제출
3			□ 접수시 제출　□ 수사 중 제출
4			□ 접수시 제출　□ 수사 중 제출
5			□ 접수시 제출　□ 수사 중 제출

4. 기타증거

추후 필요에 따라 제출하겠습니다.

고 소 장

고　소　인 : ○　○　○

피 고 소 인 : ○　○　○

전주시 완산경찰서장 귀중

고 소 장

1.고소인

성명	○ ○ ○	주민등록번호	생략
주소	전주시 ○○구 ○○로 ○○, ○○○동 ○○○호		
직업	상업	사무실 주 소	생략
전화	(휴대전화) 010 - 1987 - 0000		
대리인에 의한 고소	□ 법정대리인 (성명 : , 연락처) □ 소송대리인 (성명 : 변호사, 연락처)		

2.피고소인

성명	○ ○ ○	주민등록번호	모릅니다.
주소	전주시 ○○구 ○○로 ○○, ○○○호		
직업	상업	사무실 주 소	생략
전화	(휴대전화) 010 - 3210 - 0000		
기타사항	고소인과의 관계 - 친·인척관계 없습니다.		

3.고소취지

　　고소인은 피고소인을 형법 제314조 제1항 업무방해죄로 고소하오니 법에 준
엄함을 깨달을 수 있도록 엄벌에 처해 주시기 바랍니다.

4.범죄사실

(1) 피고소인은 전라북도 전주시 완산구 ○○로 ○길 ○○○,에서 장수컴퓨터의
컴퓨터판매점을 운영하고 있습니다.

(2) 피고소인은 ○○○○. ○○. ○○. 판매점 근처의 같은 지역 안에서 ○○회사
의 컴퓨터를 판매하는 고소인이 연일 사은행사를 진행하여 손님을 끌자 그
것을 시기하여 상점 등에서 만나는 사람들에게 고소인이 저렇게 날마다 행
사를 하는 것은 부도를 막기 위한 마지막 발악이다.

(3) 또한 고소인은 개인적으로도 여러 곳에 빚이 많고 지금까지 장사도 잘 안돼
서 행사를 한다고 해도 일어서기가 매우 힘들 것이다. 라고 하여
고소인이 많은 부채를 지고 있으며, 고소인의 컴퓨터 판매점이 경제적으로
위기에 빠져 있는 것처럼 허위사실을 유포하여 고소인이 운영하는 업무를
방해하였습니다.
이에 고소인은 피고소인을 형법 제314조 제1항 업무방해죄로 고소하오니
철저히 수사하여 법에 준엄함을 깨달을 수 있도록 엄벌에 처하여 주시기 바
랍니다.

5.증거자료

□ 고소인은 고소인의 진술 외에 제출할 증거가 없습니다.
■ 고소인은 고소인의 진술 외에 제출할 증거가 있습니다.
　　☞ 제출할 증거의 세부내역은 별지를 작성하여 첨부합니다.

6.관련사건의 수사 및 재판여부

① 중복 고소여부	본 고소장과 같은 내용의 고소장을 다른 검찰청 또는 경찰서에 제출하거나 제출하였던 사실이 있습니다 □ / 없습니다 ■
② 관련 형사사건 수사유무	본 고소장에 기재된 범죄사실과 관련된 사건 또는 공범에 대하여 검찰청이나 경찰서에서 수사 중에 있습니다 □ / 수사 중에 있지 않습니다 ■
③ 관련 민사소송 유무	본 고소장에 기재된 범죄사실과 관련된 사건에 대하여 법원에서 민사소송 중에 있습니다 □ / 민사소송 중에 있지 않습니다 ■

7.기타

　본 고소장에 기재한 내용은 고소인이 알고 있는 지식과 경험을 바탕으로 모두 사실대로 작성하였으며, 만일 허위사실을 고소하였을 때에는 형법 제156조 무고죄로 처벌받을 것임을 아울러 서약합니다.

○○○○ 년 ○○ 월 ○○ 일

위 고소인 : ○　○　○　　　(인)

전주시 완산경찰서장 귀중

별지 : 증거자료 세부 목록

(범죄사실 입증을 위해 제출하려는 증거에 대하여 아래 각 증거별로 해당 난을 구체적으로 작성해 주시기 바랍니다)

1. 인적증거

성 명	○ ○ ○	주민등록번호	생략		
주 소	자택 : 전주시 ○○구 ○○로 ○○, ○○ 직장 : 전주시 ○○구 ○○로 ○○○			직업	회사원
전 화	(휴대폰) 010 - 1245 - 0000				
입증하려는 내 용	위 ○○○은 피고소인이 많은 사람들에게 허위사실을 유포한 사실을 잘 알고 있어 이를 입증하고자 합니다.				

2. 증거서류

순번	증 거	작성자	제출 유무
1	진술서	고소인	■ 접수시 제출　□ 수사 중 제출
2	진술서	고소인	■ 접수시 제출　□ 수사 중 제출
3			□ 접수시 제출　□ 수사 중 제출
4			□ 접수시 제출　□ 수사 중 제출
5			□ 접수시 제출　□ 수사 중 제출

3. 증거물

순번	증 거	소유자	제출 유무
1	진단서	고소인	■ 접수시 제출　　□ 수사 중 제출
2	확인서	고소인	■ 접수시 제출　　□ 수사 중 제출
3			□ 접수시 제출　　□ 수사 중 제출
4			□ 접수시 제출　　□ 수사 중 제출
5			□ 접수시 제출　　□ 수사 중 제출

4. 기타증거

추후 필요에 따라 제출하겠습니다.

고 소 장

고　소　인 : ○　○　○

피 고 소 인 : ○　○　○

울산시 울주경찰서장 귀중

고 소 장

1. 고소인

성명	○ ○ ○	주민등록번호	생략
주소	울산시 울주군 범서읍 ○○로 ○길 ○○, ○○○호		
직업	생략	사무실 주 소	생략
전화	(휴대폰) 010 - 1248 - 0000		
대리인에 의한 고소	☐ 법정대리인 (성명 : , 연락처) ☐ 소송대리인 (성명 : 변호사, 연락처)		

2. 피고소인

성명	○ ○ ○	주민등록번호	생략
주소	울산시 ○○구 ○○로 ○번길 ○○, ○○○호		
직업	무직	사무실 주 소	생략
전화	(휴대폰) 010 - 9987 - 0000		
기타사항	고소인과의 관계 - 친·인척관계 없습니다.		

3. 고소취지

고소인은 피고소인에 관하여 다음과 같이 형법 제314조 업무방해죄로 고소하오니 법에 준엄함을 깨달을 수 있도록 철저히 수사하여 엄벌에 처해 주시기 바랍니다.

4. 범죄사실

(1) 고소인은 ○○○○. ○○. ○○.부터 피고소인이 분양받은 울산시 울주군 ○○읍 ○○로 ○○, ○○건물 내의 점포 약 ○○평에 대하여 보증금 3,000만 원, 월차임 200만원, 임차기간 3년으로 임차하여 ○○○라는 상호로 여성의류를 판매하고 있었는데 영업부진으로 ○○○○. ○○.분부터 ○○.분의 월임대료를 3개월간 연체하게 되었습니다.

(2) 피고소인은 ○○○○. ○○. ○○. ○○:○○경 만취한 상태에서 고소인이 경영하는 위 점포로 찾아와서 월세를 내놓으라며 고래고래 큰소리를 치면서 행패를 부리는 바람에 점포 안에서 옷을 고르던 손님들이 놀라 도망가게 하였습니다.

(3) 고소인은 피고소인에게 고소인이 지급한 보증금에서 고소인이 지급하지 못한 월세를 공제한 나머지를 돌려주면 언제라도 점포를 비워주겠다고 하였음에도 불구하고 피고소인은 술만 먹으면 느닷없이 가게 안으로 들어와 옷을 보고 있는 여자 손님을 향하여 고래고래 소리를 지르고 손님들을 밖으로 내쫓고 있습니다.

(4) 그 이후에도 피고소인은 툭하면 술을 한없이 먹고 찾아와서 가게 안을 기웃거리며 고소인에게 욕을 하는 등 영업을 방해한 사실로 인하여 고소인은 도저히 장사를 할 수 없는 지경에까지 이르렀습니다.

(5) 이에 고소인은 피고소인을 업무방해죄로 고소하오니 철저히 수사하여 법에 준엄함을 절실히 깨달을 수 있도록 엄벌에 처하여 주시기 바랍니다.

5.증거자료

　□ 고소인은 고소인의 진술 외에 제출할 증거가 없습니다.

　■ 고소인은 고소인의 진술 외에 제출할 증거가 있습니다.

　　☞ 제출할 증거의 세부내역은 별지를 작성하여 첨부합니다.

6.관련사건의 수사 및 재판여부

① 중복 고소여부	본 고소장과 같은 내용의 고소장을 다른 검찰청 또는 경찰서에 제출하거나 제출하였던 사실이 있습니다 □ / 없습니다 ■
② 관련 형사사건 수사유무	본 고소장에 기재된 범죄사실과 관련된 사건 또는 공범에 대하여 검찰청이나 경찰서에서 수사 중에 있습니다 □ / 수사 중에 있지 않습니다 ■
③ 관련 민사소송 유무	본 고소장에 기재된 범죄사실과 관련된 사건에 대하여 법원에서 민사소송 중에 있습니다 □ / 민사소송 중에 있지 않습니다 ■

7.기타

　본 고소장에 기재한 내용은 고소인이 알고 있는 지식과 경험을 바탕으로 모두 사실대로 작성하였으며, 만일 허위사실을 고소하였을 때에는 형법 제156조 무고죄로 처벌받을 것임을 아울러 서약합니다.

○○○○ 년 ○○ 월 ○○ 일

위 고소인 : ○　○　○　　　(인)

울산시 울주경찰서장 귀중

별지 : 증거자료 세부 목록
　　(범죄사실 입증을 위해 제출하려는 증거에 대하여 아래 각 증거별로 해당
　　난을 구체적으로 작성해 주시기 바랍니다)

1. 인적증거

성　명	○ ○ ○	주민등록번호	생략		
주　소	○○시 ○○로 ○길 ○○, ○○○호			직업	상업
전　화	(휴대폰) 010 - 7767 - 0000				
입증하려는 내　용	위 ○○○은 고소인이 운영하는 점포에서 옷을 보고 있던 중 피고인이 술을 먹고 들어와 소리를 지르고 행패를 부린 것을 직접 목격하여 이를 입증하고자 합니다.				

2. 증거서류

순번	증　거	작성자	제출 유무
1	스크린샷	피고소인	■ 접수시 제출　　□ 수사 중 제출
2			□ 접수시 제출　　□ 수사 중 제출
3			□ 접수시 제출　　□ 수사 중 제출
4			□ 접수시 제출　　□ 수사 중 제출
5			□ 접수시 제출　　□ 수사 중 제출

3. 증거물

순번	증　거	소유자	제출 유무
1	진술서	고소인	■ 접수시 제출　　□ 수사 중 제출
2			□ 접수시 제출　　□ 수사 중 제출
3			□ 접수시 제출　　□ 수사 중 제출
4			□ 접수시 제출　　□ 수사 중 제출
5			□ 접수시 제출　　□ 수사 중 제출

4. 기타증거

추후 필요에 따라 제출하겠습니다.

고 소 장

고 소 인 : ○ ○ ○

피 고 소 인 : ○ ○ ○

부산시 기장경찰서장 귀중

고 소 장

1.고소인

성명	○ ○ ○	주민등록번호	생략
주소	부산시 기장군 ○○면 ○○로 ○○, ○○○-○○○호		
직업	상업	사무실 주 소	생략
전화	(휴대폰) 010 - 4512 - 0000		
대리인에 의한 고소	□ 법정대리인 (성명 : , 연락처) □ 소송대리인 (성명 : 변호사, 연락처)		

2.피고소인

성명	○ ○ ○	주민등록번호	무지
주소	부산시 기장군 일광면 ○○대로 ○○, ○○○호		
직업	어업	사무실 주 소	상동
전화	(휴대폰) 010 - 9891 - 0000		
기타사항	고소인과의 관계 - 친·인척관계 없습니다.		

3.고소취지

  고소인은 피고소인에 관하여 다음과 같이 통신비밀보호법 제3조 제1항, 제16 조 제1항 제1호 제2호 위반죄로 고소하오니 법에 준엄함을 깨달을 수 있도록 철 저히 수사하여 엄벌에 처해 주시기 바랍니다.

4.범죄사실

 (1) 적용법조

  ○ 통신비밀보호법 제16조(벌칙) 제1항 다음 각 호의 1에 해당하는 자는 1년 이상 10년 이하의 징역과 5년 이하의 자격정지에 처한다.

  제1호 제3조의 규정에 위반하여 우편물의 검열 또는 전기통신의 감청 을 하거나 공개되지 아니한 타인간의 대화를 녹음 또는 청취한 자

  제2호 제1호의 규정에 의하여 지득한 통신 또는 대화의 내용을 공개하 거나 누설한 자

 (2) 범죄사실

  가, 고소인은 주소지에서 작은 마을이라는 상호로 인테리어공사 자재를 취급 하는 개인 사업을 하고 있고 피고소인은 주소지에서 인테리어공사와 관 련한 장판 등을 취급하는 개인 사업을 하고 있습니다.

  나, 고소인과 피고소인은 서로 유사한 업종으로 비슷한 제품을 취급하는 관계 로 경쟁관계에 있다 보니 고소인이 많은 공사를 하고 있다는데 시기하여 고소인과 고소인의 손님 간에 통화한 대화녹음을 자신의 휴대폰을 통하 여 저장하였습니다.

  다, 이러한 사실을 전혀 고소인은 모르고 있었는데 고소인과 통화한 손님께서 고소인과 손님하고 물품거래와 관련한 통화내용을 몰래 자신의 휴대전화 로 녹음한 피고소인이 고소인의 손님에게 찾아가 녹음 내용을 들려주면 서 자신은 그 금액 이하로 공사를 해주겠다고 한 사실을 알았습니다.

(3) 통신비밀보호법의 적용

　　가, 피고소인은 자신의 휴대전화를 통하여 고소인과 고소인의 손님 고소 외
　　　　○○○간의 ○○○○. ○○. ○○. ○○:○○부터 ○○분까지의 영업상 오
　　　　고간 대화내용을 녹음하여 통신비밀보호법 제16조(벌칙) 제1항 제1호 후
　　　　단 공개되지 아니한 타인간의 대화를 녹음 또는 청취한 사실이 있습니다.

　　나, 피고소인은 위 녹음내용을 ○○○○. ○○. ○○. ○○:○○경 고소인의 손
　　　　님 고소 외 ○○○의 남편 고소 외 ○○○에게 대화내용을 공개함으로써
　　　　통신비밀보호법 제16조(벌칙) 제1항 제2호 제1호의 규정에 의하여 지득
　　　　한 통신 또는 대화의 내용을 공개하거나 누설한 한 사실이 있습니다.

(4) 결론

　　○ 이에 고소인은 피고소인을 통신비밀보호법 제3조 제1항 제16조 제1항 제
　　　　1호(공개되지 아니한 타인간의 대화를 녹음하여 청취), 같은 제2호(제1호
　　　　의 규정에 의하여 지득한 통신 또는 대화의 내용을 공개하거나 누설)에
　　　　의하여 고소하오니 철저히 수사하여 엄벌에 처하여 주시기 바랍니다.

5.증거자료

□ 고소인은 고소인의 진술 외에 제출할 증거가 없습니다.

■ 고소인은 고소인의 진술 외에 제출할 증거가 있습니다.

　☞ 제출할 증거의 세부내역은 별지를 작성하여 첨부합니다.

6.관련사건의 수사 및 재판여부

① 중복 고소여부	본 고소장과 같은 내용의 고소장을 다른 검찰청 또는 경찰서에 제출하거나 제출하였던 사실이 있습니다 □ / 없습니다 ■
② 관련 형사사건 수사유무	본 고소장에 기재된 범죄사실과 관련된 사건 또는 공범에 대하여 검찰청이나 경찰서에서 수사 중에 있습니다 □ / 수사 중에 있지 않습니다 ■
③ 관련 민사소송 유무	본 고소장에 기재된 범죄사실과 관련된 사건에 대하여 법원에서 민사소송 중에 있습니다 □ / 민사소송 중에 있지 않습니다 ■

7.기타

본 고소장에 기재한 내용은 고소인이 알고 있는 지식과 경험을 바탕으로 모두 사실대로 작성하였으며, 만일 허위사실을 고소하였을 때에는 형법 제156조 무고죄로 처벌받을 것임을 아울러 서약합니다.

○○○○ 년 ○○ 월 ○○ 일

위 고소인 : ○　○　○　　　(인)

부산시 기장경찰서장 귀중

별지 : 증거자료 세부 목록

 (범죄사실 입증을 위해 제출하려는 증거에 대하여 아래 각 증거별로 해당
 난을 구체적으로 작성해 주시기 바랍니다)

1. 인적증거

성 명	○ ○ ○	주민등록번호	생략		
주 소	부산시 ○○구 ○○로 ○길 ○○, ○○○호			직업	상업
전 화	(휴대폰) 010 - 5543 - 0000				
입증하려는 내 용	위 ○○○은 피고소인이 녹음한 사실을 듣고 고소인에게 알려준 고소인의 손님 ○○○의 남편으로 자세히 알고 있으므로 이를 입증하고자 합니다.				

2. 증거서류

순번	증 거	작성자	제출 유무
1	진술서	피고소인	■ 접수시 제출　　□ 수사 중 제출
2	사실확인서	고소인	■ 접수시 제출　　□ 수사 중 제출
3			□ 접수시 제출　　□ 수사 중 제출
4			□ 접수시 제출　　□ 수사 중 제출
5			□ 접수시 제출　　□ 수사 중 제출

3. 증거물

순번	증 거	소유자	제출 유무
1	진술서	고소인	■ 접수시 제출　□ 수사 중 제출
2			□ 접수시 제출　□ 수사 중 제출
3			□ 접수시 제출　□ 수사 중 제출
4			□ 접수시 제출　□ 수사 중 제출
5			□ 접수시 제출　□ 수사 중 제출

4. 기타증거

추후 필요에 따라 제출하겠습니다.

(12) 통신비밀보호법 고소장 - 차량에 녹음장치를 설치해 놓고 대화를 몰래 녹음
청취 처벌요구하는 고소장 최신서식

고 소 장

고 소 인 : ○ ○ ○

피 고 소 인 : ○ ○ ○

광주광역시 ○○경찰서장 귀중

고 소 장

1. 고소인

성명	○ ○ ○		주민등록번호	생략
주소	광주시 ○○구 ○○로 ○길 ○○, ○○○-○○○호			
직업	회사원	사무실 주 소	생략	
전화	(휴대폰) 010 - 7743 - 0000			
대리인에 의한 고소	□ 법정대리인 (성명 :　　　,　　　 연락처　　　　　) □ 소송대리인 (성명 : 변호사,　 연락처　　　　　)			

2. 피고소인

성명	○ ○ ○		주민등록번호	무지
주소	광주시 ○○구 ○○로○길 ○○, ○○○호			
직업	상업	사무실 주 소	상동	
전화	(휴대폰) 010 - 7723 - 0000			
기타사항	고소인과의 관계 - 친·인척관계 없습니다.			

3.고소취지

고소인은 피고소인에 관하여 다음과 같이 통신비밀보호법 제3조 제1항 위반죄로 고소하오니 법에 준엄함을 깨달을 수 있도록 철저히 수사하여 엄벌에 처해 주시기 바랍니다.

4.범죄사실

(1) 적용 법조

○ 통신비밀보호법 제3조 제1항

누구든지 이 법과 형사소송법 또는 군사법원법의 규정에 의하지 아니하고는 우편물의 검열·전기통신의 감청 또는 통신사실확인자료의 제공을 하거나 공개되지 아니한 타인간의 대화를 녹음 또는 청취하지 못한다.

○ 통신비밀보호법 제14조 제1항

누구든지 공개되지 아니한 타인간의 대화를 녹음하거나 전자장치 또는 기계적 수단을 이용하여 청취할 수 없다.

○ 통신비밀보호법 제16조(벌칙) 제1호

다음 각 호의 어느 하나에 해당하는 자는 1년 이상 10년 이하의 징역과 5년 이하의 자격정지에 처한다.

1. 제3조의 규정에 위반하여 우편물의 검열 또는 전기통신의 감청을 하거나 공개되지 아니한 타인간의 대화를 녹음 또는 청취한 자

(2) 고소사실

(가) 피고소인은 고소인이 부정행위를 한다고 의심하게 되어 고소인이 타고 다니는 차량에 녹음장치를 부착한 후, ○○○○. ○○. ○○. 위 차량 안에서 고소인이 고소 외 ○○○에게'자기'라고 지칭하면서"고소 외 ○○○은 고소인에게 사랑하기 때문에 잔 것이고, 우리가 단지 섹스만 하는 애

인 사이는 아니라고 생각했는데 고소인이 잔 적이 있다는 말을 하지 않고 속인 점이 괘씸하다"는 취지의 대화내용과 ○○○○. ○○. ○○.차량 안에서 두 사람이 성행위를 한 것에 대하여 대화하는 내용을 각 녹음하였습니다.

(나) 피고소인은 ○○○○. ○○. ○○.녹음장치를 고소인의 차에 몰래 설치한 후 고소인과 고소 외 ○○○의 공개되지 아니한 ○○○○. ○○. ○○. 및 ○○○○. ○○. ○○. 각 대화내용을 녹음하였는데, 이는 통신비밀보호법을 위반한 위법행위입니다.

(다) ○○○○. ○○. ○○. 고소인의 집으로 찾아와 고소 외 ○○○의 관계를 추궁하고, 그 무렵 고소 외 ○○○의 남편에게 연락하여 만남을 요구한 것은 통신비밀보호법 제3조 제1항은 누구든지 이 법과 형사소송법 또는 군사법원법의 규정에 따르지 아니하고는 우편물의 검열, 전기통신의 감청 또는 통신사실확인자료의 제공을 하거나 공개되지 아니한 타인 간의 대화를 녹음 또는 청취하지 못합니다.

(라) 통신비밀보호법 제14조 제1항은 누구든지 공개되지 아니한 타인 간의 대화를 녹음하거나 전자 장비 또는 기계적 수단을 이용하여 청취할 수 없고, 제16조 제1항에서는 위 각 규정을 위반한 자에 대하여 10년 이하의 징역과 5년 이하의 자격정지에 처한다고 규정하고 있습니다.
그런데 피고소인은 고소인과 고소 외 ○○○의 부정행위에 대한 증거를 수집한다는 목적으로 2회에 걸쳐 고소인과 고소 외 ○○○ 사이의 공개되지 않는 대화내용을 녹음하여 위와 같은 통신비밀보호법을 위반하였습니다.

(3) 결론

이에 고소인은 피고소인을 통신비밀보호법 제3조 제1항(공개되지 아니한 타인간의 대화를 녹음하여 청취), 제14조 제1항, 제16조(벌칙) 제1호에 의하여 고소하오니 피고소인을 철저히 수사하여 법에 준엄함을 깨달을 수 있도록 엄벌에 처하여 주시기 바랍니다.

5.증거자료

　　□ 고소인은 고소인의 진술 외에 제출할 증거가 없습니다.

　　■ 고소인은 고소인의 진술 외에 제출할 증거가 있습니다.

　　　☞ 제출할 증거의 세부내역은 별지를 작성하여 첨부합니다.

6.관련사건의 수사 및 재판여부

① 중복 고소여부	본 고소장과 같은 내용의 고소장을 다른 검찰청 또는 경찰서에 제출하거나 제출하였던 사실이 있습니다 □ / 없습니다 ■
② 관련 형사사건 수사유무	본 고소장에 기재된 범죄사실과 관련된 사건 또는 공범에 대하여 검찰청이나 경찰서에서 수사 중에 있습니다 □ / 수사 중에 있지 않습니다 ■
③ 관련 민사소송 유무	본 고소장에 기재된 범죄사실과 관련된 사건에 대하여 법원에서 민사소송 중에 있습니다 □ / 민사소송 중에 있지 않습니다 ■

7.기타

　　본 고소장에 기재한 내용은 고소인이 알고 있는 지식과 경험을 바탕으로 모두 사실대로 작성하였으며, 만일 허위사실을 고소하였을 때에는 형법 제156조 무고죄로 처벌받을 것임을 아울러 서약합니다.

○○○○ 년 ○○ 월 ○○ 일

위 고소인 : ○　○　○　　　(인)

광주광역시 ○○경찰서장 귀중

별지 : 증거자료 세부 목록

(범죄사실 입증을 위해 제출하려는 증거에 대하여 아래 각 증거별로 해당 난을 구체적으로 작성해 주시기 바랍니다)

1. 인적증거

성 명	○ ○ ○	주민등록번호	생략		
주 소	광주시 ○○구 ○○로 ○길 ○○, ○○○호			직업	상업
전 화	(휴대폰) 010 - 8123 - 0000				
입증하려는 내 용	위 ○○○은 고소인과 같이 피고소인이 제기한 위자료청구소송에 불륜증거로 제출한 사실을 입증하고자 합니다.				

2. 증거서류

순번	증 거	작성자	제출 유무
1	증거자료 제출서	고소인	■ 접수시 제출　□ 수사 중 제출
2	진술서	고소인	■ 접수시 제출　□ 수사 중 제출
3			□ 접수시 제출　□ 수사 중 제출
4			□ 접수시 제출　□ 수사 중 제출
5			□ 접수시 제출　□ 수사 중 제출

3. 증거물

순번	증 거	소유자	제출 유무	
1	증거자료 제출서	고소인	■ 접수시 제출	□ 수사 중 제출
2			□ 접수시 제출	□ 수사 중 제출
3			□ 접수시 제출	□ 수사 중 제출
4			□ 접수시 제출	□ 수사 중 제출
5			□ 접수시 제출	□ 수사 중 제출

4. 기타증거

추후 필요에 따라 제출하겠습니다.

(13) 고소장 - 개인정보 유출 아파트 관리소장이 CCTV자료 선거관리위원회에 유
출 처벌을 요구하는 고소장 최신서식

고 소 장

고 소 인 : ○ ○ ○

피 고 소 인 : ○ ○ ○

경기도 파주경찰서장 귀중

고 소 장

1. 고소인

성명	○ ○ ○	주민등록번호	생략
주소	경기도 파주시 ○○로 ○○길 ○○, ○○○호		
직업	상업 / 사무실 주 소	생략	
전화	(휴대폰) 010 - 9923 - 0000		
대리인에 의한 고소	□ 법정대리인 (성명 :　　　　　연락처　　　　　) □ 소송대리인 (성명 : 변호사,　연락처　　　　　)		

2. 피고소인

성명	○ ○ ○	주민등록번호	무지
주소	무지		
직업	○○직 / 사무실 주 소	무지	
전화	(휴대폰) 010 - 4454 - 0000		
기타사항	고소인과의 관계 - 친·인척관계 없습니다.		

3.고소취지

고소인은 피고소인에 관하여 다음과 같이 「개인정보 보호법」 제18조에 따라 고소하오니 피고소인을 철저히 수사하여 법에 준엄함을 깨달을 수 있도록 엄벌에 처하여 주시기 바랍니다.

4.고소내용

(1) 적용법조

1. 「개인정보 보호법」 제2조 제1호 개인정보에 해당합니다.

2. 「개인정보 보호법」 제18조 제2항 각 호의 사유에 해당하는 경우 외에는 개인정보를 제17조 제1항에 따른 범위를 초과하여 제3자에게 제공하여서는 아니 된다.

3. 「개인정보 보호법」 제71조(벌칙) 다음 각 호의 어느 하나에 해당하는 자는 5년 이하의 징역 또는 5천만 원 이하의 벌금에 처한다.
   제1호(생략)
   제2호 제18조제1항·제2항(제39조의14에 따라 준용되는 경우를 포함한다), 제19조, 제26조제5항, 제27조제3항 또는 제28조의2를 위반하여 개인정보를 이용하거나 제3자에게 제공한 자 및 그 사정을 알면서도 영리 또는 부정한 목적으로 개인정보를 제공받은 자
   이하 생략 -

(2) 이 사건의 범죄사실 및 실체

1. 고소인은 경기도 파주시 ○○로길 ○○, A아파트 거주자로 ○○○○. ○○. ○○.예정이었던 아파트 동별 대표자 선거에 출마하였습니다.
   고소 외 ○○○은 공동주택관리법 제7조에 따라 입주자대표회의와 위탁계약을 체결하여 관리업무를 맡고 있는 B사이며, 관리사무소장을 고용하여 단지 내에 설치된 영상정보처리기기(이하 "CCTV" 라고만 하겠습니다)의 관리책임을 맡고 있습니다.

피고소인은 입주자대표회의로 A아파트 동별 대표자들로 구성된 자치 의결기구이며 산하에 선거관리위원회를 두어 입주자대표회의 회장 및 동별 대표자 선거를 관리하고 있습니다.

○○○○. ○○. ○○. 고소인은 엘리베이터 내에 상대 후보가 부착한 홍보물이 불법이라며 피고소인에게 이의를 제기하였으나, 피고소인은 고소인도 홍보물을 제작하여 붙일 수 있다는 사실만 통보하고 별다른 조치를 취하지 않자 고소인은 상대방 후보의 부착물을 임의로 제거하였습니다.

2. 상대 후보는 이를 문제 삼아 피고소인에게 이의를 제기하였고, 피고소인은 고소 외 ○○○에게 해당 사진자료의 제출을 요청하였으며, 고소 외 ○○○은 CCTV를 검색하여 고소인이 상대방 홍보물을 제거하는 사진자료(이하 "이 사건 사진자료" 라 합니다)를 발췌하여 피고소인에게 제공하였습니다.

3. 당해 동별 대표자 선거가 투표인 부족으로 무효 처리된 후 피고소인은 선관위회의를 열어 재선거에서 고소인의 후보 자격을 박탈한다는 내용을 의결하였고 그 회의 결과를 고소인의 성명, 거주지 동, 이 사건 사진자료 등을 첨부하여 아파트게시판에 최소 1주일 이상 공고하였습니다.

(3) 개인정보 유출

1. CCTV에 촬영된 고소인의 사진 정보는 고소인의 성명, 거주지 동 등과 결합되어 개인을 식별할 수 있는 정보로서 「개인정보 보호법」 제2조 제1호에 따른 개인정보에 해당합니다.

2. 고소 외 ○○○이 이 사건 사진자료를 피고소인에게 제출한 행위는 개인정보 보호법 제18조에서는 제2항 각 호의 사유에 해당하는 경우 외에는 개인정보를 제17조 제1항에 따른 범위를 초과하여 세3자에게 제공하여서는 아니 된다고 규정하고 있고, 같은 취지로 공동주택관리법 시행규칙 제8조 제3항은 관리주체가 영상정보처리기기의 촬영 자료를 보안 및 방범 목적 외의 용도로 활용하거나 타인에게 열람하게 하거나 제공하여서는 아니 된다고 규정하고 있습니다.

3. 상기 규정에 따르면 A아파트와 위탁계약을 체결한 고소 외 ○○○은 관리 주체로서 CCTV를 관리하면서 관련 자료를 타인에게 열람하거나 제공하여서는 아니 됩니다. 피고소인이 이 사건 사진자료를 공개한 행위는 개인 정보 보호법 제18조 제1항은 개인정보를 제15조 제1항에 따른 범위를 초과하여 이용하거나 제17조 제1항에 따른 범위를 초과하여 제3자에게 제공하여서는 아니 된다고 규정하고 있습니다.

4. 개인정보 보호법은 정보주체의 사생활 침해를 최소화하는 방법으로 개인 정보를 처리하도록 하는 최소처리의 원칙을 규정하고 있음에도 불구하고 피고소인은 공동주택관리법령에 따른 회의결과 공고 시에도 해당 원칙에 따라 회의결과 공고에 필요한 범위 내에서 개인정보를 공개하여야 합니다. 그런데도 피고소인은 고소인의 성명, 제재조치 등의 회의결과와 더불어 고소인의 초상 및 행위사실이 담긴 사진자료까지 첨부하여 게시판에 공개하였는바. 이러한 행위는 법령 준수를 위하여 반드시 필요한 범위 내의 최소한의 처리 행위라고 할 수 없습니다.

5. 소결

따라서 피고소인은 공동주택관리법령이 예정하고 있는 범위를 초과하여 이 사건 사진자료를 제공하여 개인정보 보호법 제18조 제1항을 위반하였습니다.

(4) 결론

이에 고소인은 피고소인을 개인정보 보호법 제18조 제1항 및 같은 법 제71조(벌칙) 제2호에 따라 고소하오니 피고소인을 철저히 수사하여 범에 준엄함을 깨달을 수 있도록 엄벌에 처하여 주시기 바랍니다.

5.고소이유

(1) 처벌의 필요성

○ 피고소인은 고소인의 성명, 제재조치 등의 회의결과와 더불어 고소인의 초상 및 행위사실이 담긴 사진자료까지 첨부하여 게시판에 공개하였으므로 개인정보 보호법 제18조 제1항을 위반하였습니다.

○ 개인정보 보호법 제18조(개인정보의 목적 외 이용·제공 제한) 제1항 개인정보처리 자는 개인정보를 제15조 제1항 및 제39조의3 제1항및 제2항에 따른 범위를 초과하여 이용하거나 제17조 제1항 및 제3항에 따른 범위를 초과하여 제3자에게 제공하여서는 아니 된다. 라고규정하고 있습니다.

○ 피고소인은 실제 업무에 종사하고 있으므로 개인정보의 보호규칙을 충분히 인식하였음에도 불구하고 의도적으로 고소인의 성명, 제재조치 등의 회의결과와 더불어 고소인의 초상 및 행위사실이 담긴 사진자료까지 첨부하여 게시판에 공개하여 고소인의 개인정보가 유출되어 심각한 피해가 발생하였으므로 즉각적인 조치를 취하지 않은 피고소인을 엄벌에 처하여 다시는 이런 일이 없도록 하여야 할 것으로 사료되어 이 사건 고소에 이른 것입니다.

6.증거자료

□ 고소인은 고소인의 진술 외에 제출할 증거가 없습니다.

■ 고소인은 고소인의 진술 외에 제출할 증거가 있습니다.

  ☞ 제출할 증거의 세부내역은 별지를 작성하여 첨부합니다.

7.관련사건의 수사 및 재판 여부

① 중복 고소여부	본 고소장과 같은 내용의 고소장을 다른 검찰청 또는 경찰서에 제출하거나 제출하였던 사실이 있습니다 □ / 없습니다 ■
② 관련 형사사건 수사유무	본 고소장에 기재된 범죄사실과 관련된 사건 또는 공범에 대하여 검찰청이나 경찰서에서 수사 중에 있습니다 □ / 수사 중에 있지 않습니다 ■
③ 관련 민사소송 유무	본 고소장에 기재된 범죄사실과 관련된 사건에 대하여 법원에서 민사소송 중에 있습니다 □ / 민사소송 중에 있지 않습니다 ■

8.기타

　　본 고소장에 기재한 내용은 고소인이 알고 있는 지식과 경험을 바탕으로 모두 사실대로 작성하였으며, 만일 허위사실을 고소하였을 때에는 형법 제156조 무고죄로 처벌받을 것임을 서약합니다.

○○○○ 년 ○○ 월 ○○ 일

위 고소인 : ○　○　○　　(인)

경기도 파주경찰서장 귀중

별지 : 증거자료 세부

(범죄사실 입증을 위해 제출하려는 증거에 대하여 아래 각 증거별로 해당
난을 구체적으로 작성해 주시기 바랍니다)

1. 인적증거

성 명	○ ○ ○	주민등록번호	생략		
주 소	자택 : 파주시 ○○로 ○○○동 ○○○○호 직장 : 없음			직업	상업
전 화	(휴대폰) 010 - 7712 - 0000				
입증하려는 내 용	위 ○○○은 피고소인의 개인정보 보호법위반에 대하여 사실관계를 잘 알고 있으므로 이를 입증하고자 합니다.				

2. 증거서류

순번	증 거	작성자	제출 유무
1	캡쳐사진	고소인	■ 접수시 제출　□ 수사 중 제출
2			□ 접수시 제출　□ 수사 중 제출
3			□ 접수시 제출　□ 수사 중 제출
4			□ 접수시 제출　□ 수사 중 제출
5			□ 접수시 제출　□ 수사 중 제출

3. 증거물

순번	증 거	소유자	제출 유무
1	캡처 이미지	고소인	■ 접수시 제출　□ 수사 중 제출
2			□ 접수시 제출　□ 수사 중 제출
3			□ 접수시 제출　□ 수사 중 제출
4			□ 접수시 제출　□ 수사 중 제출
5			□ 접수시 제출　□ 수사 중 제출

4. 기타증거

추후 필요에 따라 제출하겠습니다.

고 소 장

고 소 인 : ○ ○ ○

피 고 소 인 : ○ ○ ○

천안시 동남경찰서장 귀중

고 소 장

1.고 소 인

성명	○ ○ ○	주민등록번호	생략
주소	천안시 ○○구 ○○로 ○○길 ○○, ○○○호		
직업	상업	사무실 주 소	생략
전화	(휴대폰) 010 - 9923 - 0000		
대리인에 의한 고소	☐ 법정대리인 (성명 :　　,　　　연락처　　　　) ☐ 소송대리인 (성명 : 변호사,　　연락처　　　　)		

2.피고소인

성명	○ ○ ○	주민등록번호	무지
주소	무지		
직업	○○직	사무실 주 소	무지
전화	(휴대폰) 010 - 4454 - 0000		
기타사항	고소인과의 관계 - 친·인척관계 없습니다.		

3.고소취지

　고소인은 피고소인에 관하여 다음과 같이 「개인정보 보호법」 제3조 및 제29조에 따라 고소하오니 피고소인을 철저히 수사하여 범에 준엄함을 깨달을 수 있도록 엄벌에 처하여 주시기 바랍니다.

4.고소내용

(1) 적용법조

1. 개인정보 보호법 제3조(개인정보 보호 원칙) 제4항 개인정보처리 자는 개인정보의 처리 방법 및 종류 등에 따라 정보주체의 권리가 침해받을 가능성과 그 위험 정도를 고려하여 개인정보를 안전하게 관리하여야 한다.

2. 개인정보 보호법 제29조(안전조치의무) 개인정보처리 자는 개인정보가 분실·도난·유출·위조·변조 또는 훼손되지 아니하도록 내부 관리계획 수립, 접속기록 보관 등 대통령령으로 정하는 바에 따라 안전성 확보에 필요한 기술적·관리적 및 물리적 조치를 하여야 한다.

3. 개인정보 보호법 제73조(벌칙) 다음 각 호의 어느 하나에 해당하는 자는 2년 이하의 징역 또는 2천만 원 이하의 벌금에 처한다.

   1. 제23조제2항, 제24조제3항, 제25조제6항, 제28조의4제1항 또는제29조를 위반하여 안 ·변조 또는 훼손당한 자
   이하 생략 -

(2) 이 사건의 범죄사실 및 실체

1. 피고소인은 대부업체인바, 금융기관이 소멸시효가 완성되어 사실상 추심을 포기한 카드이용대금채권을 헐값에 매입하여 추심을 하기 위해 연락대상을 혼동하여 배우자에게 체납사실을 알렸습니다.

2. 고소인1은 ○○카드사의 신용카드이용대금을 체납한 사실이 있고, 고소인2는 고소인1의 배우자입니다.

3. 피고소인은 ○○카드사로부터 고소인1에 대하여 가지는 신용카드이용대금
   의 채권을 양수받아 고소인1과 연락하기 위하여 고소인1의 연락처를 확
   인하고 전화를 하였으나 연락이 되지 않자 피고소인은 무단으로 고소인2
   의 휴대전화를 알아낸 휴대전화번호로 고소인2에게 연락하여 고소인1의
   신용카드이용대금의 체납사실을 누설하였습니다.

(3) 개인정보 보호법 위반

1. 이후 피고소인은 고소인1과 통화하여 체납액 납부를 독려하였으나 문제가
   해결되지 않아, 같은 날 고소인1이 보유한 채권을 압류하기 위해 독촉장
   을 발송하였습니다. 고소인1의 연락처를 문의하기 위해 이용한 고소인2
   의 휴대전화번호는 해당 정보만으로 특정 개인을 알아볼 수 없더라도 이
   름 등 다른 정보와 쉽게 결합하여 특정 개인을 식별할 수 있는 정보로서
   「개인정보 보호법」 제2조 제1호의 개인정보에 해당합니다.

2. 피고소인이 고소인2에게 고소인1의 체납사실을 알린 행위는 「개인정보 보호
   법」 제29조를 위반하였습니다. 제29조애는 개인정보처리 자는 개인정보가
   분실·도난·유출·위조·변조 또는 훼손되지 아니하도록 내부 관리계획 수
   립, 접속기록 보관 등 대통령령으로 정하는 바에 따라 안전성 확보에 필요
   한 기술적·관리적 및 물리적 조치를 하여야 한다고 규정하고 있습니다.

3. 여기서 '개인정보의 유출' 은 개인정보가 해당 개인정보처리자의 관리통제
   권을 벗어나 제3자가 그 내용을 알 수 있는 상태에 이르게 되는 것을 의
   미합니다(대법원 2014. 5. 16. 선고, 2011다24555·24562 판결 등 참
   조). 피고소인은 카드이용대금의 채무자인 고소인1에게 독촉을 하거나 관
   련 통보를 하여야 합니다.

4. 그런데 피고소인은 채무자 본인인 고소인1의 연락처를 확인하지 않고, 배
   우자인 고소인2의 휴대전화번호로 연락하여 고소인1의 연락처를 문의하
   였고, 이 과정에서 고소인2에게 고소인1의 ○○카드사의 신용카드이용대
   금이 연체된 사실을 알렸습니다.

5. 한편 피고소인이 고소인1에 대한 연체사실을 고소인2에게 알린 행위는 고
   소인1의 은닉재산 확보를 위하여 고소인2의 개인정보 확인이 필요하였다
   하더라도 고소인1에게 먼저 연락하지 않고 고소인2에게 연락하는 것은
   일반적인 추심업무로 보기 어렵습니다.

   또한, 피고소인은 고소인2에게 은닉재산 여부 등에 대한 질문은 하지 않
   은 채 고소인1의 연락처만을 확인하였다 하더라도 같은 날 고소인1이 보
   유한 예금 채권을 가압류하기 위하여 관할법원에 채권가압류신청이 제출
   된 것을 고려할 때, 정당한 추심행위에 해당하는 행위였다고 볼 수 없으
   므로, 「개인정보 보호법」 제17조 제1항 제2호에 따른 개인정보의 처리에
   해당하지 않습니다.

   개인정보자기결정권의 보호대상이 되는 개인정보는 반드시 개인의 내밀한
   영역에 속하는 정보에 국한되지 아니하고 공적 생활에서 형성되었거나
   이미 공개된 개인정보까지 포함한다(대법원 2014. 7. 24. 선고 2012다
   49933 판결, 대법원 2016. 3. 10. 선고 2012다105482 판결 등).아울
   러, 민법상 일상 가사대리 권이 있는 배우자라 하더라도 개인정보에 관하
   여는 독립적인 정보주체로 인정되고 있습니다.

   피고소인은 개인정보 보호법을 위반하여 고소인2에게 고소인1의 연체사
   실을 유출하여 「개인정보 보호법 제29조를 위반하였습니다.

(4) 결론

   이에 고소인은 피고소인을 개인정보 보호법 제3조 및 제17조 제29조에
   따라 고소하오니 피고소인을 철저히 수사하여 법에 준엄함을 깨달을 수
   있도록 엄벌에 처하여 주시기 바랍니다.

5.고소이유

(1) 처벌의 필요성

   ○ 피고소인은 고소인2의 휴대전화번호를 결합하여 고소인임을 특정할 수 있

게 하는 개인정보에 해당하므로 개인정보 보호법 제2조 제1항 나, 목에 따른 개인정보에 해당합니다.

○ 개인정보 보호법 제29조 개인정보처리 자는 개인정보가 분실·도난·유출·위조·변조 또는 훼손되지 아니하도록 내부 관리계획 수립, 접속기록 보관 등 안전성 확보에 필요한 기술적·관리적 및 물리적 조치를 하여야 한다고 규정하고 있습니다.
고소인1의 고소인2의 개인정보가 유출되어 심각한 피해가 예상됨에도 즉각적인 조치를 취하지 않은 피고소인을 엄벌에 처하여 다시는 이런 일이 없도록 하여야 할 것으로 사료되어 이 사건 고소에 이른 것입니다

6. 증거자료

□ 고소인은 고소인의 진술 외에 제출할 증거가 없습니다.

■ 고소인은 고소인의 진술 외에 제출할 증거가 있습니다.

  ☞ 제출할 증거의 세부내역은 별지를 작성하여 첨부합니다.

7. 관련사건의 수사 및 재판 여부

① 중복 고소여부	본 고소장과 같은 내용의 고소장을 다른 검찰청 또는 경찰서에 제출하거나 제출하였던 사실이 있습니다 □ / 없습니다 ■
② 관련 형사사건 수사유무	본 고소장에 기재된 범죄사실과 관련된 사건 또는 공범에 대하여 검찰청이나 경찰서에서 수사 중에 있습니다 □ / 수사 중에 있지 않습니다 ■
③ 관련 민사소송 유무	본 고소장에 기재된 범죄사실과 관련된 사건에 대하여 법원에서 민사소송 중에 있습니다 □ / 민사소송 중에 있지 않습니다 ■

8.기타

　　본 고소장에 기재한 내용은 고소인이 알고 있는 지식과 경험을 바탕으로 모두 사실대로 작성하였으며, 만일 허위사실을 고소하였을 때에는 형법 제156조 무고죄로 처벌받을 것임을 서약합니다.

○○○○ 년 ○○ 월 ○○ 일

위 고소인 : ○　○　○　　　(인)

천안시 동남경찰서장 귀중

별지 : 증거자료 세부

　　(범죄사실 입증을 위해 제출하려는 증거에 대하여 아래 각 증거별로 해당
　　난을 구체적으로 작성해 주시기 바랍니다)

1. 인적증거

성　명	○ ○ ○	주민등록번호	생략		
주　소	자택 : 천안시 ○○로 ○○-○○호 직장 : 없음			직업	상업
전　화	(휴대폰) 010 - 7712 - 0000				
입증하려는 내　용	위 ○○○은 피고소인의 개인정보 보호법위반에 대하여 사실관계를 잘 알고 있으므로 이를 입증하고자 합니다.				

2. 증거서류

순번	증　거	작성자	제출 유무
1	휴대전화 문자	고소인	■ 접수시 제출　　□ 수사 중 제출
2			□ 접수시 제출　　□ 수사 중 제출
3			□ 접수시 제출　　□ 수사 중 제출
4			□ 접수시 제출　　□ 수사 중 제출
5			□ 접수시 제출　　□ 수사 중 제출

3. 증거물

순번	증　거	소유자	제출 유무
1	캡처 이미지	고소인	■ 접수시 제출　　□ 수사 중 제출
2			□ 접수시 제출　　□ 수사 중 제출
3			□ 접수시 제출　　□ 수사 중 제출
4			□ 접수시 제출　　□ 수사 중 제출
5			□ 접수시 제출　　□ 수사 중 제출

4. 기타증거

추후 필요에 따라 제출하겠습니다.

고 소 장

고 소 인 : ○ ○ ○

피 고 소 인 : ○ ○ ○

전라북도 군산경찰서장 귀중

고 소 장

1.고소인

성명	○ ○ ○	주민등록번호	생략
주소	전라북도 군산시 ○○로 ○○길 ○○, ○○○호		
직업	상업	사무실 주 소	생략
전화	(휴대폰) 010 - 3876 - 0000		
대리인에 의한 고소	□ 법정대리인 (성명 : , 연락처) □ 소송대리인 (성명 : 변호사, 연락처)		

2.피고소인

성명	○ ○ ○	주민등록번호	생략
주소	전라북도 군산시 ○○로 ○○길 ○○, ○○호		
직업	회사원	사무실 주 소	생략
전화	(휴대폰) 010 - 7643 - 0000		
기타사항	고소인과의 관계 - 친·인척관계 없습니다.		

3.고소취지

고소인은 피고소인을 정보통신망 이용촉진 및 정보보호 등에 관한 법률 제70
조 제2항(명예훼손) 혐의로 고소하오니 피고소인을 철저히 수사하여 법에 준엄함
을 절실히 깨달을 수 있도록 엄벌에 처하여 주시기 바랍니다.

4.범죄사실

(1) 적용법조

① 정보통신망 이용촉진 및 정보보호 등에 관한 법률 제70조(명예훼손) 제2항
사람을 비방할 목적으로 정보통신망을 통하여 공공연하게 거짓(허위)의
사실을 드러내어 다른 사람의 명예를 훼손한 자는 7년 이하의 징역, 10
년 이하의 자격정지 또는 5,000만 원 이하의 벌금에 처한다.

(2) 이 사건의 경위

가, 피고소인은 ○○○○. ○○. ○○. ○○:○○경 고소인을 비방할 목적으로
정보통신망인 다음 농촌경제 ○○카페의 회원들에게 카페운영자인 고소인
이 회원들의 개인 신상정보를 팔아먹고 있으니, 당장 카페를 탈퇴하라는
내용의 쪽지를 대량으로 발송하여 공공연하게 거짓의 사실을 드러내어
고소인의 명예를 훼손하였습니다.

나, 피고소인은 ○○○○. ○○. ○○. ○○:○○경 고소인을 비방할 목적으로
위 다음 농촌경제 ○○카페의 회원들에게 고소인이 회원들을 상대로 건강
식품을 강제로 구매하게 하고 그 이익금을 챙기고 있다는 거짓의 사실을
드러내어 고소인의 명예를 훼손하였습니다.

5.고소이유

(1) 고소인이 다음 카페를 운영하게 된 경위

가, 고소인은 ○○○○. ○○. ○○. ○○대학교를 입학한 후에 농촌과 관련한

사안에 대해 관심을 가지고 있다가 고소인의 후배들이 운영하는 농촌경제포럼의 카페를 알게 되었습니다.

나, 고소인은 농촌경제에 대한 지식을 고향 군산 분들과 공유하고 고소인의 진로에 도움이 될 것이라는 생각으로 위 카페를 운영하게 되었습니다.

(2) 피고소인의 고소인에 대한 명예훼손

가, 고소인은 위 카페를 그다지 열심히 운영하는 편은 아니었고, 회원 수는 그리 많지 않았습니다. 사회경제를 비롯하여 농촌경제가 침체되자 많은 사람들이 관심을 가지게 되었고 고소인이 운영하는 카페는 고향분들을 비롯해서 상당한 인기를 끌고 회원 수가 많아 졌습니다.

나, 그러던 중, 느닷없이 피고소인이 고소인이 운영하는 위 카페의 회원들에게 카페를 운영하는 고소인이 개인 신상정보를 팔아먹고 있으니, 당장 카페를 탈퇴하라는 내용의 쪽지를 대량으로 발송하였습니다.(증 제1호증 참조)

다, 고소인이 회원들을 상대로 건강식품을 강제로 구매하게 하고 그 이익금을 챙기고 있다는 거짓의 사실을 드러내어 고소인의 명예를 훼손하였습니다.

라, 이에 피고소인에게 고소인이 전화로 항의하자 피고소인은 막무가내로 횡설수설 할 뿐 도무지 말이 통하지 않았습니다.

마, 고소인이 피고소인에게 연락하기 위해 카페에 등록된 전화번호로 연락을 취한 것까지 개인정보를 불법으로 알아냈다며 트집을 잡으면서 수준이하의 행동을 계속하고 있습니다.

(3) 피고소인에 대한 처벌의 필요성

가, 피고소인은 고소인의 명예를 위와 같이 훼손하였을 뿐 아니라 지금도 계속해서 유사한 행위를 계속하고 있으므로 정보통신망이용촉진및정보보호등에관한법률 제70조 제2항(거짓의 사실을 그러내어) 명예훼손죄가 명백함으로 기소 쪽으로의 확고한 의지를 가지고 고소인의 진술에 귀 기울여 실체적 진실을 밝히고 피고소인을 엄벌에 처할 수 있게 즉각적이고도 철저한 수사를 하여 주시기 바랍니다.

나, 고소인의 삭제요구에도 불구하고 피고소인은 이를 아랑곳하지 않고 자신의 잘못을 뉘우치지 않고 고소인만 오히려 탓하고 있으므로 지금 당장 처벌을 하지 않는다면 재범의 우려가 아주 높기 때문에 피고소인에 대한 처벌의 필요성이 있습니다.

6.범죄의 성립근거

가, 피해자의 특정

고소인이 운영하는 이 사건 ○○카페는 정보통신망인 다음 농촌경제 ○○카페의 수백 명에 달하는 회원들이면 누구나 쉽게 이용할 수 있고 고소인이 카페를 운영하기 때문에 고소인이 어디에서 무엇을 하고 있는 또 누구인지 알 수 있는 상태였기에 익명성이 보장된 인터넷 공간으로서 피해자인 고소인 본인이 충분히 특정 지어진 상태입니다.
한편, 누구나 고소인을 비방하는 사실을 쉽게 알아차릴 수 있었기 때문에 피해자가 특정됩니다.

나, 공연성

피고소인이 비방하는 게시 글을 ○○○○. ○○. ○○. 포털사이트 다음 농촌경제 ○○카페게시판에 유포한 것이므로 농촌경제 ○○카페회원이면 누구나 볼 수 있으므로 공연성이 성립됩니다.

7.증거자료

□ 고소인은 고소인의 진술 외에 제출할 증거가 없습니다.

■ 고소인은 고소인의 진술 외에 제출할 증거가 있습니다.

☞ 제출할 증거의 세부내역은 별지를 작성하여 첨부합니다.

① 중복 고소여부	본 고소장과 같은 내용의 고소장을 다른 검찰청 또는 경찰서에 제출하거나 제출하였던 사실이 있습니다 □ / 없습니다 ■
② 관련 형사사건 수사유무	본 고소장에 기재된 범죄사실과 관련된 사건 또는 공범에 대하여 검찰청이나 경찰서에서 수사 중에 있습니다 □ / 수사 중에 있지 않습니다 ■
③ 관련 민사소송 유무	본 고소장에 기재된 범죄사실과 관련된 사건에 대하여 법원에서 민사소송 중에 있습니다 □ / 민사소송 중에 있지 않습니다 ■

9.기타

　　본 고소장에 기재한 내용은 고소인이 알고 있는 지식과 경험을 바탕으로 모두 사실대로 작성하였으며, 만일 허위사실을 고소하였을 때에는 형법 제156조 무고죄로 처벌받을 것임을 아울러 서약합니다.

○○○○ 년 ○○ 월 ○○ 일

위 고소인 : ○　○　○　　(인)

전라북도 군산경찰서장 귀중

별지 : 증거자료 세부 목록

(범죄사실 입증을 위해 제출하려는 증거에 대하여 아래 각 증거별로 해당 난을 구체적으로 작성해 주시기 바랍니다)

1. 인적증거

성 명	○ ○ ○	주민등록번호	생략		
주 소	군산시 ○○로 ○○길 ○○○,			직업	농업
전 화	(휴대폰) 010 - 7765 - 0000				
입증하려는 내 용	위 ○○○은 고소인이 운영하는 위 카페의 회원으로서 피고소인의 범행일체에 대하여 소상히 알고 있으므로 이를 입증하고자 합니다.				

2. 증거서류

순번	증 거	작성자	제출 유무	
1	캡처화면	피고소인	■ 접수시 제출	□ 수사 중 제출
2	스크린 샷	고소인	■ 접수시 제출	□ 수사 중 제출
3			□ 접수시 제출	□ 수사 중 제출
4			□ 접수시 제출	□ 수사 중 제출
5			□ 접수시 제출	□ 수사 중 제출

3. 증거물

순번	증　거	소유자	제출 유무	
1	캡처화면	고소인	■ 접수시 제출	□ 수사 중 제출
2			□ 접수시 제출	□ 수사 중 제출
3			□ 접수시 제출	□ 수사 중 제출
4			□ 접수시 제출	□ 수사 중 제출
5			□ 접수시 제출	□ 수사 중 제출

4. 기타증거

추후 필요에 따라 제출하겠습니다.

(16) 고소장 - 사이버명예훼손 인스타그램 SNS 에 접숙하여 비방할 목적 거짓의
사실 드러내어 처벌요구 고소장 최신서식

고 소 장

고 소 인 : ○ ○ ○

피 고 소 인 : ○ ○ ○

광주시 광산경찰서장 귀중

고 소 장

1.고소인

성명	○ ○ ○	주민등록번호	생략
주소	광주시 관산구 ○○로 ○○, ○○○-○○○○호		
직업	개인사업	사무실 주 소	생략
전화	(휴대폰) 010 - 1789 - 0000		
대리인에 의한 고소	☐ 법정대리인 (성명 : , 연락처) ☐ 소송대리인 (성명 : 변호사, 연락처)		

2.피고소인

성명	zxcv0123@naver.com		
주소	무지		
직업	무지	사무실 주 소	무지
기타사항	고소인과의 관계 - 친·인척관계 없습니다.		

3.고소취지

　　고소인은 피고소인을 정보통신망 이용촉진 및 정보보호 등에 관한 법률 제70조 제2항 거짓의 사실을 드러낸 사이버명예훼손죄로 고소하오니 피고소인을 철저히 수사하여 법에 준엄함을 절실히 깨달을 수 있도록 엄벌에 처하여 주시기 바랍니다.

4.범죄사실

(1) 적용법조

　　○ 정보통신망 이용촉진 및 정보보호 등에 관한 법률 제70조 명예훼손죄제2항 거짓의 사실을 드러낸 명예훼손 혐의
　　사람을 비방할 목적으로 정보통신망을 통하여 공공연하게 거짓의 사실을 드러내어 다른 사람의 명예를 훼손한 자는 7년 이하의 징역, 10년 이하의 자격정지 또는 5,000만 원 이하의 벌금에 처하도록 돼 있습니다.

(2) 당사자관계

　　가, 고소인은 rokjhg83@naver.com으로 인스타그램 계정을 ○○○○. ○○. ○○.경 개설하여 농촌마을의 지인들과 소통하기 위하여 운영하고 있습니다.

　　나, 피고소인은 zxcv0123@naver.com이라는 아이디를 사용하고,
　　　1. ○○○○. ○○. ○○. ○○:○○,
　　　2. ○○○○. ○○. ○○. ○○:○○,
　　　3. ○○○○. ○○. ○○. ○○:○○,
　　　고소인의 rokjhg83@naver.com 인스타그램 SNS 에 접속하여 아래의 거짓의 사실을 드러내어 고소인의 명예를 훼손시켰으므로 정보통신망법 사이버명예훼손죄를 위반하였습니다.

(3) 거짓의 사실을 드러내어 명예훼손 행위

　가, 고소인은 ○○○○. ○○. ○○. 15:20경 인스타그램 SNS를 통하여 지인
　　　들과 농촌마을 회의를 다녀온 뒤 스토리, 게시 글을 공유하고 있었는데
　　　피고소인은 ○○○○. ○○. ○○. 오후 ○○:○○분 접속하여 고소인의 사
　　　진을 보고‘꼭 사기꾼 같이 생겼다. 정말 이상하게 생겼네. 저런 사기꾼 같
　　　은 놈 보기도 싫다’라는 글을 게시하여 고소인의 명예를 훼손시켰습니다.

　나, 피고소인은 ○○○○. ○○. ○○. 오후 ○○:○○분 다시 접속하여‘사기꾼
　　　은 말도 그럴 듯하다 한심하다 이런 글을 누가 보느냐, 수준 떨어진다.’
　　　라는 글을 게시하여 고소인의 명예를 훼손시켰습니다.

　다, 피고소인은 ○○○○. ○○. ○○. 오후 ○○:○○분 재차 접속하여 ‘아직
　　　정신병원 안 갔나봐 헛소리 그만해라 당신 말 누가 믿겠나.’라는 글을 게
　　　시하여 고소인의 명예를 훼손시켰습니다.

　라, 피고소인은 위와 같이 확인되지 않은 거짓의 사실을 드러내어 고소인을
　　　비방할 목적으로 악의적인 의도로 반복하여 게시함으로서 고소인의 명예
　　　를 심각하게 훼손시킨 사실이 있습니다.

(4) 피고소인의 고의

　가, 피고소인은 고소인이 우리나라에서 가장 대중화된 SNS 라면 페이스북인
　　　만큼 인스타그램은 전 세계가 널리 사용하는 SNS 종류로 가장 많은 정
　　　보가 공유되는 서비스의 계정이라는 점을 잘 알고 있으면서 고소인을 비
　　　방할 의도를 가지고 접속하여 전파가능성에 관한 인식이 있음은 물론이
　　　고 더 나아가 그 위험을 자초하고 용인하는 내심의 의사가 있습니다.

　나, 고소인이 이에 삭제를 요구하고 정중히 사과하라고 요구하였음에도 피고
　　　소인은 게시 글을 삭제하지 않았고 계속 무시한 것은 전파가능성을 용인
　　　하였고 외부에 나타난 행위의 형태와 행위의 상황 등 구체적인 사정을
　　　기초로 하더라도 일반인이라면 그 전파가능성을 어떻게 평가할 것인가는
　　　피고소인의 입장에서 그 심리상태를 추인한다 하더라도 고의성이 인정됩니다.

5.고소이유

○ 고소인으로서는 피고소인의 위와 같은 명예훼손 적 행위로 인한 피해 정
도가 심각할 뿐만 아니라 피해 복구가 불가능하여 돌이킬 수 없는 지경에
이르렀으므로 피고소인을 정보통신망 이용촉진 및 정보보호 등에 관한 법
률 제70조 제2항 거짓의 사실을 드러내어 명예훼손죄로 처벌을 하기 위
하여 이 사건 고소에 이른 것입니다.

6.범죄의 성립근거

가, 피해자의 특정

고소인은 인스타그램 아이디 rokjhg83@naver.com로 농촌마을의 회원과
가까운 지인들이 서로의 일상을 공유하는 스토리, 게시 글을 공유하는 것
이므로 고소인이 어디에서 무슨 일을 하고 현재 무슨 영업을 하는 누구인
지 알 수 있는 상태였기에 익명성이 보장된 인터넷 공간으로서 피해자인
고소인 본인이 충분히 특정 지어진 상태입니다.

한편, 고소인은 피고소인에게 위와 같이 게재된 거짓의 사실을 드러낸 게
시 글의 삭제를 요구하였으나 삭제하지 않았고 정중한 사과를 요구하였음
에도 이에 아랑곳하지 않고 계속해서 거짓의 사실을 드러내어 고소인의
명예를 훼손시킨 행위에 대한 책임을 묻겠다고 알려준 사실도 있습니다.

위와 같은 사정을 종합해 볼 때 피고소인의 고소인에 대한 (1)'꼭 사기꾼
같이 생겼다. 정말 이상하다 사기꾼 같이 보기가 싫다'(2)'정말 사기꾼은
말도 그럴 듯하다 한심하다 이런 글을 누가 보느냐, 수준 떨어져 못 보겠
다. (3)'사기꾼 아직 정신병원 안 갔나봐 헛소리 그만해라 당신 말 누가
믿겠나.'는 거짓의 사실을 드러내어 명예훼손 적 내용은 수도 없이 방문
하는 농총마을 회원이나 지인들이 소식을 듣고자 접속하는 분들이면 누구
나 고소인을 비방하는 사실을 쉽게 알아차릴 수 있었기 때문에 피해자가
특정된다고 볼 수 있습니다.

나, 공연성

고소인이 운영하는 인스타그램은 rokjhg83@naver.com은 현재까지 가입된 농촌마을 회원이나 친구들만 해도 무려 ○,○○○명에 달하고 1일평균 일상을 공유하는 친구들만 해도 ○,○○○명이 넘을 정도로 가장 많은 정보가 공유되는 서비스입니다.

때문에 공연성이 성립됩니다.

7.증거자료

□ 고소인은 고소인의 진술 외에 제출할 증거가 없습니다.

■ 고소인은 고소인의 진술 외에 제출할 증거가 있습니다.

☞ 제출할 증거의 세부내역은 별지를 작성하여 첨부합니다.

6.관련사건의 수사 및 재판여부

① 중복 고소여부	본 고소장과 같은 내용의 고소장을 다른 검찰청 또는 경찰서에 제출하거나 제출하였던 사실이 있습니다 □ / 없습니다 ■
② 관련 형사사건 수사유무	본 고소장에 기재된 범죄사실과 관련된 사건 또는 공범에 대하여 검찰청이나 경찰서에서 수사 중에 있습니다 □ / 수사 중에 있지 않습니다 ■
③ 관련 민사소송 유무	본 고소장에 기재된 범죄사실과 관련된 사건에 대하여 법원에서 민사소송 중에 있습니다 □ / 민사소송 중에 있지 않습니다 ■

8.기타

  본 고소장에 기재한 내용은 고소인이 알고 있는 지식과 경험을 바탕으로 모두 사실대로 작성하였으며, 만일 허위사실을 고소하였을 때에는 형법 제156조 무고죄로 처벌받을 것임을 아울러 서약합니다.

○○○○ 년 ○○ 월 ○○ 일

위 고소인 : ○ ○ ○   (인)

광주시 광산경찰서장 귀중

별지 : 증거자료 세부 목록

　　　(범죄사실 입증을 위해 제출하려는 증거에 대하여 아래 각 증거별로 해당
　　　난을 구체적으로 작성해 주시기 바랍니다)

1. 인적증거

성　명	○ ○ ○	주민등록번호	생략		
주　소	광주시 ○○구 ○○로 ○○길 ○○○,			직업	개인사업
전　화	(휴대폰) 010 - 7612 - 0000				
입증하려는 내　용	위 ○○○은 피고소인의 범행일체에 대하여 소상히 알고 있으므로 이를 입증하고자 합니다.				

2. 증거서류

순번	증　거	작성자	제출 유무
1	캡처화면	피고소인	■ 접수시 제출　　□ 수사 중 제출
2	캡처화면	고소인	■ 접수시 제출　　□ 수사 중 제출
3			□ 접수시 제출　　□ 수사 중 제출
4			□ 접수시 제출　　□ 수사 중 제출
5			□ 접수시 제출　　□ 수사 중 제출

3. 증거물

순번	증 거	소유자	제출 유무
1	캡처화면	고소인	■ 접수시 제출　□ 수사 중 제출
2			□ 접수시 제출　□ 수사 중 제출
3			□ 접수시 제출　□ 수사 중 제출
4			□ 접수시 제출　□ 수사 중 제출
5			□ 접수시 제출　□ 수사 중 제출

4. 기타증거

추후 필요에 따라 제출하겠습니다.

불 송 치 결 정 이 의 신 청 서

사 건 번 호 : ○○○○년 형제○○○○호 상해죄

신 청 인 : ○ ○ ○

전남 목포경찰서장 귀중

불 송 치 결 정 이 의 신 청 서

1.신청인

성명	○ ○ ○	주민등록번호	생략
주소	전라남도 폭포시 ○○로 ○○○, ○○○호		
직업	상업	사무실 주 소	생략
전화	(휴대폰) 010 - 4589 - 0000		
기타사항	이 사건 고소인 겸 이의신청인입니다.		

2.경찰 결정 내용

사건번호	○○○○년 형제○○○○호
죄 명	상해죄
결정내용	증거불충분 혐의 없음(불 송 치 결정)

3.이의신청 이유

　　신청인(이하'고소인'이라고 줄여 쓰겠습니다)은 피고소인 ○○○(이하'피의자'라고 하겠습니다)을 ○○○○. ○○. ○○. 전남 목포경찰서 ○○○○년 형제○○○○호 상해죄로 고소한 사건에 관하여 목포경찰서 사법경찰관 경위 ○○○은 ○○○

○. ○○. ○○. 피의자 ○○○에 대한 증거불충분 혐의 없음의 이유로 불 송치 결정을 하였는바, 이 결정은 수사미진으로 인한 자의적인 판단으로 위법 또는 부당한 결정이므로 아래와 같이 이의신청을 제기하오니 다시 재수사를 요청하여 기소 여부를 판단해 주시기 바랍니다.

- 아 래 -

1. 이 사건의 개요

가, 고소인은 ○○○○. ○○. ○○. 피의자를 목포경찰서에 상해죄로 고소하였는바 그 고소의 요지는 다음과 같습니다.

피의자는 ○○○○. ○○. ○○. ○○:○○경 전라남도 목포시 ○○로 ○○, ○○앞에서 오른손 주먹으로 피해자의 안면부를 수회 폭행하고, 바닥에 쓰러진 피해자의 다리와 몸을 발로 수회 걷어 차 얼굴 열상, 반상출혈 등으로 약 3주간 치료를 요하는 상해를 가하였습니다.

나, 목포경찰서 사법경찰관 경위 ○○○은 ○○○○. ○○. ○○. 피의자의 고소인에 대한 상해 혐의에 대하여 증거불충분 혐의 없음 불송치 결정을 하였는데, 그 피의사실의 요지는 다음과 같습니다.

2. 이 사건의 실체

(1) 고소인의 상해피해 증거

이 사건 수사를 담당한 사법경찰관 경위 ○○○은 사건 직후 고소인의 상처를 촬영한 신체사진과 상해진단서의 증명력을 배척하고 상해혐의를 인정할 증거가 불충분하다고 판단하였으나, 신체사진과 상해진단서의 증명력을 배척할 합리적인 이유가 없고, 목격자 한○희가 고소인에 대한 재물손괴 죄의 재판에서 증인으로 출석하여 피의자가 고소인을 때렸다고 명백하게 증언을 하는 등 상해 혐의를 뒷받침할 증거가 충분합니다.

(2) 사법경찰관의 자의적인 판단

고소인이 제출한 상처 사진 및 상해진단서는 고소인이 상해를 입었다는 점에 대한 증거가 될 뿐 피의자의 폭행으로 인하여 발생한 상처임을 직접 입증할 수는 없다. 고소인은 손괴혐의는 부인하면서 피의자로부터 일방적으로 폭행을 당하였다고만 주장하고, 고소인은 당시 만취상태였으므로 주장 자체의 신빙성이 떨어진다.

목격자 한○희는 둘이 밀치고 당기는 것을 보았다고 진술할 뿐이고, 피의자가 고소인을 폭행할 동기를 찾을 수 없는 점을 고려하면, 피의자의 혐의를 인정할 만한 증거가 부족하다는데 있습니다.

(3) 증거관계

(가) 고소인과 피의자는 일면식도 없이 ○○○○. ○○. ○○.부터 페이스북으로만 연락하는 사이었다가 사건 발생 전날 처음 만나 술을 마셨습니다. 피의자는 ○○○○. ○○. ○○. ○○:○○부터 다음 날 새벽 ○○시까지 고소인과 같이 소주 2병, 맥주 2병의 술을 마신 후 고소인을 택시 승차하는 곳까지 데려다 주었으나 고소인은 택시를 타지 않고 자신이 구입한 물품을 가져가려고 다시 피의자와 함께 피의자의 승용차가 주차된 곳으로 되돌아왔습니다.

(나) 고소인은 자기 핸드폰을 찾지 못하겠다며 전화를 걸어 찾겠다고 피의자의 핸드폰을 건네받았는데, 그 후 고소인이 피의자의 핸드폰이 작동하지 않는다고 하자 피의자는 핸드폰을 뺏으려는 등 서로 실랑이를 벌였습니다.

(다) 출동한 경찰관이 작성한 수사보고서에는 ○○병원 보안 팀에서 근무하는 한○희가 경찰관에게 전화로“병원 밖에서 여자의 비명소리가 나는 것을 듣고 나가보니 남자와 여자가 서로 핸드폰을 잡고 뺏기지 않으려는 듯 핸드폰을 잡은 채 당기고 밀치고 있는 상황이었다. 여자가 신고를 해달라고 부탁해서 경찰에 신고했다.”고 진술하였다고 기재되어 있습니다.

(라) 고소인은 ○○○○. ○○. ○○. ○○:○○경 후배 고소 외 손○현에게 전화를 걸어"아니 내가 맞았으니까 피가 나잖아, 지금. 계속 이 사람한테 맞았으니까. 날 때렸어, 계속 길에서." 폭행했어 라고 말하였습니다.

(마) 고소인과 피의자는 목포경찰서 ○○지구대로 임의 동행되어 휴대전화와 차량의 각각 재물손괴와 상해 혐의로 조사를 받았습니다. 피의자는 고소인이 피의자의 ○○승용차 문짝을 굽이 높은 구두를 신고 있던 발로 차 승용차 문짝 일부를 찌그러뜨리고 피의자의 고소인의 핸드폰을 땅에 집어던져 액정이 파손되게 하였다고 진술하고, 자신은 상해를 가한 사실이 없다고 부인. 고소인은 피의자가 고소인에게 욕설을 하며 폭행하였고, 고소인은 이로 인해 오른쪽 눈가가 찢어지고, 치아 윗부분이 깨지고, 입술이 터졌으며, 오른팔이 까지고 부었다고 진술하고, 자신은 피의자의 승용차나 핸드폰을 손괴한 사실이 없습니다.

(바) 한○희는 ○○○○. ○○. ○○. 고소인에 대한 재물손괴 죄의 공판절차에 증인으로 출석하여"○○병원 응급실 앞 인도에서 여자 비명소리가 들려서 보니까 남자와 여자가 다툼을 하고 있었다. 남자가 여자를 때리는 것을 목격하고 다가가서 여자를 때리면 어떻게 하느냐고 남자를 제지했고, 여자는 경찰도움을 받고 싶어 해서 112에 범죄 신고하였다. 당시 여자의 눈썹 위쪽에 작은 찰과상 정도 있었다."고 진술하였습니다.
고소인이 피의자의 승용차를 손괴하였는지에 대하여는"고소인이 피의자의 차를 일부러 차지는 않았다. 차 바로 옆에서 싸움을 하고 있었고, 여자가 핸드폰을 뺏으려고 하다가 조수석 문 쪽에 넘어지면서 스쳤던 것 같고, 정확히 발로 차는 장면을 본 것은 아니다."고 진술하였습니다.

3. 이의신청의 요지

(1) 만취 부분 수사미진

① 이 사건 수사를 담당한 사법경찰관 ○○○은 불송치이유에서 고소인이 당

시 마신 술의 양이 많아서 어떻게 맞았는지 전반적인 사정을 기억하지 못하고, 현장을 목격한 주차요원의 진술을 종합하여 만취상태였다고 보았습니다.

② 고소인은 당시 만취상태이지 않았습니다. 고소인은 평소 주량이 일반 여성의 평균을 상회하는 소주 2병이라고 진술하였습니다. 사건 당시 전날 ○○시부터 다음 날 새벽 ○○시까지 오랜 시간 동안 마신 것을 감안하면, 남성인 피의자와 둘이 소주 2병, 맥주 2병을 나누어 마신 것은 고소인이 반을 마셨다고 해도 고소인의 평소 주량에 비해 과도한 양이라고 보기에 의문이 있습니다.

③ 술자리가 파한 후 고소인은 물품이 피의자 승용차에 보관되어있음을 기억하고 이를 가져가겠다면서 되돌아왔고, 사건 발생 직후에도 고소인은 후배에게 전화를 걸어 당시 상황을 설명하는 등, 거동이 힘들 정도로 취하거나 인사불성이 된 사정은 보이지 않습니다.

④ 따라서 기록상 사정만으로는 고소인이 만취상태였음을 단정할 수 없으므로, 이에 관하여 사법경찰관 경위 ○○○은 고소인의 만취상태를 더 수사해보고 판단하였어야 합니다.

(2) 상해진단서 부분

① 피해자(고소인)가 제출한 상해진단서는 곧 피의자의 범죄행위로 인하여 발생한 것이라는 사실을 직접 증명하는 증거가 되기에 부족한 것이지만, 제3자로부터 폭행을 당하거나 의사가 허위로 진단서를 작성하는 등의 특별한 사정이 없는 한 피해자의 진술과 더불어 상해 사실에 대한 유력한 증거가 되고, 합리적인 이유 없이 그 증명력을 함부로 배척할 수 없습니다(대법원 2011. 1. 27. 선고 2010도12728 판결 참조).

② 고소인이 입은 상처를 보면, 사진 상으로 볼 때 고소인의 오른쪽 눈 옆이 찢어져 출혈이 있고, 상해진단서에 의하면 고소인은 안면부 열상, 타박상,

부종으로 3주간 치료를 요하는 상해를 입었으며, 눈가가 찢어진 것에 대한 변연절제술 및 일차봉합술을 받았으므로 상처의 정도를 볼 때 단순히 술에 취해 비틀거리다가 땅에 부딪혀 얼굴에 찰과상을 입은 것이라 할 수 없습니다.

③ 고소인은 입술이 찢어지고 팔, 옆구리 등 전신에 걸쳐 타박상을 입었는데 입술이나 옆구리는 넘어져서는 다치기 힘들고, 타박상이 광범위하게 나타나고 있어 누군가로부터 맞아서 발생한 상처라고 보는 것이 경험칙에 부합합니다. 게다가 사법경찰관 경위 ○○○은 목격자 한○희가 "핸드폰을 뺏기지 않으려고 밀치고 당기는 상황이었다."고만 진술하여 고소인의 재물손괴 혐의를 뒷받침할 증거는 피의자 소유의 승용차와 핸드폰에 손괴한 흔적이 있는 사진과 피의자 진술뿐이었음에도 불구하고 고소인의 재물손괴 혐의를 인정하였다. 승용차와 핸드폰의 피해사진으로는 고소인의 재물손괴 혐의를 증명할 수 있다고 보면서 고소인의 신체사진과 상해진단서에 대해서는 피의자의 상해혐의를 증명할 수 없다고 본 것은 동일한 증명력을 지닌 피해 증거에 대하여 반대로 판단한 것이므로 위법 또는 부당합니다.

(3) 폭행의 동기 부분

① 피의자가 고소인을 때릴 동기에 관하여 보더라도, 피의자는 고소인이 자신의 승용차와 핸드폰을 손괴한 것에 화가 나 고소인을 때리거나, 적어도 자기 핸드폰을 되찾기 위해 고소인을 세게 밀칠 수 있는 상황이었습니다.

② 목격자 한○희에 대한 조사는 경찰이 그와 전화를 통화하여 당시 상황에 대해 물었더니 "남자와 여자가 서로 핸드폰을 잡고 뺏기지 않으려는 듯 핸드폰을 잡은 채 당기고 밀치고 있는 상황이었다."는 수사보고뿐인데, 사건의 구체적인 진전 상황을 더 이상 조사하지 아니한 이 수사보고서는 피의자가 고소인을 때리지 아니하였다고 확정할 증거가 되지 못합니다.

(4) 목격자의 수사미진 부분

① 목격자에 대한 수사미진은 위 증거관계에서 한○희가 고소인에 대한 재물
손괴 죄의 공판절차에서 증인으로 출석하여 피의자가 고소인을 때리는 것
을 목격하고 고소인의 부탁으로 112에 범죄 신고하였다고 증언한 것에서
더욱 분명하게 인정됩니다.

(5) 소결

따라서 사법경찰관 경위 ○○○은 목격자 한○희를 상대로 피의자가 고소인
을 때리는 것을 보았는지, 고소인이 스스로 넘어지거나 부딪힌 것인지, 고소
인은 피의자의 폭행에 어떻게 대응하였는지, 고소인은 만취상태였는지 등
당시의 자세한 사정을 확인하기 위하여 보완수사를 실시하였어야 합니다.

그럼에도 불구하고 사법경찰관 경위 ○○○은 위와 같은 조치를 취하지
아니한 채 경찰로부터 기록을 송치 받은 후 아무런 추가 조사 없이 증거
불충분 혐의 없음의 이유로 불송치 결정을 한 것은, 그 결정에 영향을 미
친 중대한 수사미진에 따른 자의적인 판단이므로 이는 위법 부당하다 아
니할 수 없습니다.

4. 결론

그렇다면 수사를 담당한 사법경찰관 경위 ○○○은 고소인과 피의자 모두 이
사건 수사과정에서 두 사람 사이의 폭행혐의 목격자가 있으므로 여러 가지 사정
에 비추어 볼 때, 이 사건 불송치 결정을 하기 이전에 위 관련 사건관계인을 상
대로 참고인으로 소환·조사했어야 합니다.

그러나 사법경찰관 경위 ○○○은 이 사건에 관하여 당연히 의심을 갖고 조사
하여야 할 중요한 사항을 조사하지 아니하는 등 수사가 미진한 상태에서 피의자
에 대한 상해혐의 인정할 수 없다는 취지로 불송치 결정을 한 것은 위법 또는 부
당한 결정이므로 다시 사법경찰관에게 수사가 미진한 부분에 대한 재수사를 하게
하고 최종적으로 기소 여부를 결정해야 한다고 사료되어 이 사건 이의신청에 이
른 것입니다.

4.이의신청 결과통지서 수령방법

종류	서면 / 전화 / 팩스 / 전자우편 / 문자메시지

5.소명자료 및 첨부서류

   (1) 수사결과 통지서(고소인 등 불 송치)   1통

○○○○ 년 ○○ 월 ○○ 일

위 신청인 : ○ ○ ○ 　(인)

전남 목포경찰서장 귀중

불 송 치 결 정 이 의 신 청 서

사 건 번 호 : ○○○○년 형제○○○○호 사기죄

신 청 인 : ○ ○ ○

전북 무주경찰서장 귀중

불 송 치 결 정 이 의 신 청 서

1.신청인

성명	○ ○ ○	주민등록번호	생략
주소	전라북도 무주군 무주읍 ○○로 ○○○, ○○○호		
직업	상업	사무실 주 소 생략	
전화	(휴대폰) 010 - 9234 - 0000		
기타사항	이 사건 고소인 겸 이의신청인입니다.		

2.경찰 결정 내용

사건번호	○○○○년 형제○○○○호
죄 명	사기죄
결정내용	혐의 없음(불 송치 결정)

3.이의신청 이유

    신청인(이하'고소인'이라고 줄여 쓰겠습니다)은 피고소인 ○○○(이하'피의자'라고 하겠습니다)을 ○○○○. ○○. ○○. 전북 무주경찰서 ○○○○년 형제○○○○호 사기죄로 고소한 사건에 관하여 무주경찰서 사법경찰관 경위 ○○○은 ○○○

○. ○○. ○○. 피의자 ○○○에 대한 혐의 없음의 이유로 불 송치 결정을 하였는 바, 이 결정은 수사미진으로 인한 위법 또는 부당한 결정이므로 아래와 같이 이의신청을 제기합니다.

- 아 래 -

1. 이 사건의 개요

가, 고소인은 ○○○○. ○○. ○○. 피의자를 무주경찰서에 사기죄로 고소하였는 바 그 고소의 요지는 다음과 같습니다.

나, 피의자는 전라북도 무주군 무주읍 ○○로 ○○, ○층 건물을 소유하면서 위 건물을 제3자에게 임대하는 사업을 하는 자이고, 고소인은 고소 외 신○례 가 위 건물 중 일부를 임차하여 운영하던 '○○식당'의 종업원이었습니다. 피의자는 고소인으로부터 돈을 빌리더라도 이를 변제할 의사나 능력이 없음에도 불구하고,

(1) ○○○○. ○○. ○○. ○○:○○경 위 ○○식당에서, 고소인에게 위 건물에 대한 가압류를 해제하기 위하여 금 ○,○○○만원이 급하게 필요하게 되었는데, 위 가압류를 해제한 다음 지체 없이 이를 변제하겠다고 거짓말하여, 이에 속은 고소인으로부터 즉석에서 금 ○,○○○만원을 교부받고,

(2) 같은 달 ○○. ○○:○○경 같은 장소에서, 고소인에게 위 가압류를 해제하기 위한 환경세납부를 위하여 추가로 금 ○○○만원이 필요하다고 거짓말하여, 이에 속은 고소인으로부터 즉석에서 금 ○○○만원을 교부받고,

(3) 같은 달 ○○.경 같은 장소에서, 고소인에게 고소 외 서○석과의 재판에 관한 비용으로 금 ○○○만원이 필요하다고 거짓말하여, 이에 속은 고소인으로부터 즉석에서 금 ○○○만원을 교부받고,

(4) 같은 해 ○○. ○○. ○○:○○경 같은 장소에서, 고소인에게 금○,○○○

만원을 빌려주면 위 ○○식당에 관한 위 신○례와의 임대차계약을 해지하
고 고소인과 새로운 계약을 체결하겠다고 거짓말하여, 이에 속은 고소인
으로부터 즉석에서 금 ○,○○○만원을 교부받고,

(5) 같은 달 ○○. ○○:○○경 같은 장소에서, 고소인에게 위 서○석과의 재
판에 필요한 지문감정비용으로 금 ○○○만원이 필요하다고 거짓말하여,
이에 속은 고소인으로부터 즉석에서 금 ○○○만원을 교부받는 등,

다, 피의자는 총 5회에 걸쳐 고소인으로부터 합계 금 ○,○○○만원을 교부받아
이를 편취한 것입니다.

라, 이 사건의 수사를 담당한 사법경찰관 경위 ○○○은 ○○○○. ○○. ○○.
피의자가 고소인에게 합계 금 ○,○○○만원을 빌려주었다는 점을 인정할 만
한 증거자료가 없다는 이유로 혐의 없음 불송치 결정을 하였습니다.

2. 이의신청이유의 요지

가, 일반적인 차용사기죄의 성립요건

대법원은,'차용금의 편취에 의한 사기죄의 성립 여부는 차용 당시를 기준
으로 판단하여야 하고, 피고인이 차용 당시에는 변제할 의사와 능력이 있
었다면 그 후에 차용사실을 전면 부인하면서 변제를 거부한다고 하더라도
이는 단순한 민사상의 채무불이행에 불과할 뿐 형사상사기죄가 성립한다
고 할 수 없다. 한편, 사기죄의 주관적 구성요건인 편취의 범의의 존부는
피고인이 자백하지 아니하는 한 범행 전후의 피고인의 재력, 환경, 범행
의 내용, 거래의 이행과정, 피해자와의 관계 등과 같은 객관적인 사정을
종합하여 판단하여야 한다.'라는 취지로 판시하고 있습니다(대법원 1998.
1. 20. 선고 97도2630 판결(공1998상, 639), 대법원 1996. 3. 26. 선
고 95도3034 판결(공1996상, 1468) 등).

나, 이 사건에 대한 고소인의 이의사유

(1) 이 사건의 경우 고소인과 피의자의 금전거래관계에 관련하여 차용증 등이 작성되지 아니하였더라도 다른 증거자료를 근거로 하여 고소인과 피의자 사이의 금전거래관계 등이 인정되므로 그 당시 피의자에게 편취범의가 있었다고 볼 수 있는지 여부를 의심할 만한 객관적인 사정은 충분히 존재한다고 할 수 있습니다.

(2) 사법경찰관 경위 ○○○의 수사과정

(가) ○○○○. ○○. ○○. 금전거래에 관하여,
사법경찰관 경위 ○○○은 우선 피의자는 이 사건 수사과정에서 고소인으로부터 ○○○○. ○○. ○○.금 ○,○○○만원을 교부받은 적이 없고, 다만 그 무렵 위 신○례로부터 환경세 대납 명목으로 금 ○○○,○○○원 정도를 교부받은 적이 있을 뿐이라는 취지로 진술하였다.
그런데 고소인이 발급받은 금융자료에 의하면 고소인이 ○○○○. ○○. ○○.피의자에게 교부한 자기앞수표 ○,○○○만 원 권 1매(○○은행 라가○○○○○○○)와 ○○○만 원 권 7매(○○은행 라가□□□□□□□□-□)를 피의자가 그 다음날인 ○○○○. ○○. ○○.그 명의의 예금계좌(임대차재계약서 사본에 기재된 피의자의 계좌번호와 일치합니다)로 입금한 사실을 인정할 수 있고, 위 신○례도 고소인이 ○○○○. ○○. ○○.경 작성 교부한 사실확인서에 의하면 고소인이 피의자에게 금 ○,○○○만 원을 대여하였다는 취지로 진술하고 있음에도 불구하고 사법경찰관은 피의자의 위와 같은 거짓진술을 그대로 믿고 혐의 없음 불송치 결정을 한 잘못이 있습니다.

(나) ○○○○. ○○. ○○. 금전거래에 관하여.
사법경찰관 경위 ○○○의 불송치이유에 의하면 고소인은 ○○○○. ○○. ○○.경 위 신○례의 아버지인 신○섭으로부터 자기앞수표 ○○○만 원 권 ○○매를 빌려서 이를 피의자에게 대여하였다고 진술하고 있으나 피의자는 그 당시 고소인으로부터 금 ○○○만원을 교부받은 것은 사실이지만, 이는 위 신○섭이 피의자에 대한 신○례의 연체월세를 대신 변제하기 위하여 고소인에게 맡겨놓았던 것을 전달받은 것에 불과하다는 취지로 주장하고 있다.

그런데 위 신○섭은 ○○○○. ○○. ○○. 고소인에게 금○,○○○만원을 빌려준 다음 2회에 걸쳐 금 ○○○만 원 정도의 이자를 받았다고 하면서, 고소인으로부터 교부받았다는 ○○○○. ○○. ○○자 금 ○○○만원에 관한 차용사실을 고소인의 주장에 부합하는 취지의 사실확인서를 통하여 진술하고 있음에도 피의자는 고소인에게 돈을 빌린 사실이 없다는 거짓진술을 하자 사법경찰관은 피의자의 진술을 그대로 믿고 혐의 없음 불송치 결정을 한 위법을 범한 것입니다.

(다) 소결

위와 같이 사법경찰관 경위 ○○○은 피의사실을 적절하게 특정하지 못하고 필요한 수사를 제대로 하지 아니한 채 피의자기 둘러대는 거짓진술을 취사선택과 판단만으로 이 사건 불송치 결정은 한 것은 위법 또는 부당합니다.

3. 결론

그렇다면 수사를 담당한 사법경찰관 경위 ○○○은 고소인과 피의자 모두 이 사건 수사과정에서 두 사람 사이의 금전거래에 신○례, 신○섭 등이 밀접하게 관련되어 있으므로 여러 가지 사정에 비추어 볼 때, 이 사건 불송치 결정을 하기 이전에 위 신○례, 신○섭을 참고인으로 소환·조사하거나, 피의자의 예금계좌에 대한 압수수색을 하는 등의 방법으로 고소인과 피의자 사이에 어떠한 유형의 금전거래가 있었는지 여부 및 그 당시 피의자에게 편취범의가 있었는지 여부 등을 적극적으로 조사했어야 함에도 불구하고,

사법경찰관 경위 ○○○은 이 사건에 관하여 당연히 의심을 갖고 조사하여야 할 중요한 사항을 조사하지 아니하는 등 수사가 미진한 상태에서 불송치 결정을

한 것은 위법 또는 부당한 결정이므로 다시 사법경찰관에게 재수사를 하게하고 최종적으로 기소 여부를 결정해야 한다고 사료되어 이 사건 이의신청에 이른 것입니다.

4.이의신청 결과통지서 수령방법

종류	서면 / 전화 / 팩스 / 전자우편 / 문자메시지

5.소명자료 및 첨부서류

(1) 수사결과 통지서(고소인 등 불 송치)　　　　　　　　1통

○○○○ 년 ○○ 월 ○○ 일

위 신청인 : ○　○　○　　　(인)

전북 무주경찰서장 귀중

(19) 불 송치 결정 이의신청서 - 사기죄 사법경찰관이 수사를 다하지 않고 혐의없
음 불송치하여 재수사를 요청하고 기소여부를 결
정해 달라는 이의신청서

불 송 치 결 정 이 의 신 청 서

사 건 번 호 : ○○○○년 형제○○○○호 사기죄

신 청 인 : ○ ○ ○

전남 강진경찰서장 귀중

불 송 치 결 정 이 의 신 청 서

1.신청인

성명	○ ○ ○		주민등록번호	생략
주소	전라남도 강진군 강진읍 ○○로 ○○○, ○○○호			
직업	상업	사무실 주 소	생략	
전화	(휴대폰) 010 - 5467 - 0000			
기타사항	이 사건 고소인 겸 이의신청인입니다.			

2.경찰 결정 내용

사건번호	○○○○년 형제○○○○호
죄 명	사기죄
결정내용	혐의 없음(불 송치 결정)

3.이의신청 이유

    신청인(이하'고소인'이라고 줄여 쓰겠습니다)은 피고소인 ○○○(이하'피의자'라
고 하겠습니다)을 ○○○○. ○○. ○○. 전남 강진경찰서 ○○○○년 형제○○○○
호 사기죄로 고소한 사건에 관하여 강진경찰서 사법경찰관 경위 ○○○은 ○○○

○. ○○. ○○. 피의자 ○○○에 대한 혐의 없음의 이유로 불 송치 결정을 하였는
바, 이 결정은 수사미진으로 인한 위법 또는 부당한 결정이므로 아래와 같이 이
의신청을 제기합니다.

- 아 래 -

1. 이 사건 고소의 요지

가, 고소인은 ○○○○. ○○. ○○. 피의자를 강진경찰서에 사기죄로 고소하
였는바 그 고소의 요지는 다음과 같습니다.
피의자는 ○○회사 ○○디앤씨라는 상호로 건축업에 종사하는 자이며, 고
소인 ○○○○. ○○. ○○.부터 ○○○○. ○○. ○○.까지 피의자의 승용
차 운전기사로 재직하였던 바, 피의자는 고소인 명의로 전남 강진군 강진
읍 ○○로 ○○,에 소재한 ○○상호신용금고에서 신용대출을 받아 쓴 뒤
○개월 이내로 대출금 전액을 상환하여 고소인에게 피해가 발생하지 않게
할 의사나 능력이 없으면서도, ○○○○. ○○. ○○. 하순경 고소인에게
그의 명의로 대출을 받아 주면 ○개월 이내에 대출금 전액을 상환하여
주겠으며 고소 외 김○○의 소유부동산도 담보로 제공되니 염려가 없다고
속여, 이 말을 믿은 고소인으로 하여금 위 금고에서 금 ○,○○○만원을
신용대출 받게 하여 이를 피의자가 사용한 후, 약정기일까지 불입하지 않
고 고소인으로 하여금 대위변제하게 하여 동액 상당의 재산상 이익을 편
취한 것입니다.

나, 수사를 담당한 강진경찰서 사법경찰관 경위 ○○○은 위 사건을 수사한
후 ○○○○. ○○. ○○. 피의자에 대하여 범죄혐의 없다는 이유로 불송
지 결정을 하였습니다.

2. 불송치이유의 요지

가, 피의자가 고소 외 현○○으로부터 금원을 대출받아 달라는 부탁을 받았으나 자신이 금융거래불량자로서 대출을 받을 수 없었으므로 동인에게 고소인을 소개하여, 고소인 명의로 금 ○,○○○만원을 대출을 받아 위 금액 모두를 위 현○○에게 입금하였는데, 그 후 위 현○○이 위 대출금을 변제하지 아니하고 있는 것으로서,

나, 피의자는 위 금원에 대한 지급을 보증하는 보증인의 위치에 있었을 뿐이므로, 피의자에게 보증 채무에 의한 민사상 채무불이행책임이 인정됨은 별론으로 하더라도 피의자가 고소인을 속이고 이 사건 금원을 편취한 것이라고 인정하기 어려워 결국 범죄혐의 없다는 이유입니다.

3. 불송치이유의 요지

가, ○○○○. ○○. ○○. (주)○○상호신용금고로터 고소인 명의로 금 ○,○○○만원이 대출되었고, 동 대출금을 고소인이 사용하지는 아니한 사실은 분명합니다. 이와 관련하여 고소인이 피의자가 이 사건 범죄행위자로 지목하여 고소한데 대하여, 피의자는 범행을 부인하면서 자신이 돈을 쓰려고 고소인에게 명의를 빌려달라고 부탁한 것이 아니라 고소 외 현○○으로부터 금원을 대출받아 달라는 부탁을 받고 자신은 금융거래불량자라 대출을 받을 수 없기에 동 현○○에게 고소인을 소개만 하여 주었을 뿐 나머지 일들은 이들 사이에 이루어진 것이며 대출금 역시 동 고소 외 현○○이 사용하고 변제하지 아니한 것이라고 변소하고 있습니다.

나, 이에 사법경찰관 경위 ○○○은 피의자의 변소를 그대로 받아들여 피의자는 단지 보증인에 불과하고 범죄혐의가 있다면 위 현○○이지 피의자가 아니라는 취지로 범죄혐의 인정되지 이유에 의하여 이 사건 불송치 결정을 하였습니다.

다, 그러나 고소인은 피의자를 범죄행위자로 지목하여 고소하였고 이를 뒷받
침하는 고소인 진술 외에도 피의자가 범행을 자인하는 취지의 각서도 제
출하였으므로 사법경찰관 경위 ○○○은 이들 자료를 믿지 아니하고 피의
자의 변소만을 일방적으로 믿으려면 그럴만한 합리적인 이유가 있어야
할 것이나 진술 그 어디에서도 그 이유를 찾아 볼 수 없습니다.

이러한 경우 수사를 담당하는 사법경찰관 경위 ○○○으로서는 금융거래
불량자라고 자인하는 피의자의 변소만을 만연히 취신 할 것이 아니라 위
현○○을 조사하고 필요하면 동인과 피의자 또는 고소인을 포함한 3자간
의 대질신문을 하여 진실을 가렸어야 합니다.

그러함에도 이러한 조치를 취하지 아니한 채 피의자가 보증인에 불과하
고 범죄행위자가 아니라고 단정하여 혐의 없음의 이유로 불송치 결정을
한 것은 수사미진이요 자의적인 처분이라 아니할 수 없으므로 위법 또는
부당합니다.

위 현○○은 ○○○○. ○○. ○○. 사법경찰관의 면전에서 피의자의 변소
와는 정반대로 이 사건 행위자는 피의자이고 대출금도 피의자가 모두 인
출하여 사용하였다는 취지로 진술함으로써 사법경찰관의 불송치 결정이
자의적이었음을 확인시켜 주고 있는 대목입니다.

라, 사법경찰관 경위 ○○○은 위와 같이 피의자를 단순한 보증인에 불과하다
고 단정함으로써 고소인이 주장하는 피의자의 기망행위에 대한 조사를 아
래와 같이 소홀히 하였습니다.

(1) 고소인이 증거로 제출한 등기부등본의 기재에 의하면 고소인 주장처럼
이 사건 대출과 관련하여 고소 외 김○○ 소유의 부동산이 담보로(근저
당권 설정)제공되어 있는 사실을 확인할 수 있습니다. 그러나 동 근지
당권설정은 제3번으로 이미 그 이전인 ○○○○. ○○. ○○.에 제1번
(채권 최고액 3억 9천만 원), ○○○○. ○○. ○○.에 제2번(채권최고
액 6,500만 원)이 설정되어 있는 등 불과 ○개월여 사이에 3번의 근저
당권이 설정되고 선순위의 피담보채권이 고액이라 과연 이 사건 대출

에 담보여력이 있을지 의문이 가는 사정이므로 피의자가 이 부동산을 담보로 제공하고 고소인을 안심시킨 경위와 그 담보가치 등에 대한 조사를 하여 피의자의 기망행위 여부를 수사를 담당한 사법경찰관 경위 ○○○은 수사했어야 합니다.

(2) 또한 대출금이 입금된 통장과 그 입출금의 시점, 통장명의자와 관리자 등 경위를 조사함으로써 이 대출금의 실제 사용자가 피의자인지 여부도 수사하였어야 함에도 사법경찰관은 이 부분의 수사 또한 전혀 다 하지 않은 채 불송치 결정을 하였습니다.

(3) 나아가 ○개월 안에 대출금을 모두 상환하여 주겠다며 염려 말라고 하면서 이름을 빌려달라고 하여 대출받았음에도 이를 변제하지 아니한 것은 당시 변제할만한 능력이 없으면서 거짓말을 한 것인지 만일 당시에 변제할 능력이 있었다고 한다면 변제하지 아니한 이유가 무엇인지, 대출 후 ○년여가 지나도록 이자 한 푼 변제하지 아니한 특별한 사유가 있는지 등에 대하여도 조사하여 피의자에게 기망행위가 있었는지 여부를 사법경찰관은 수사했어야 합니다.

마, 이상과 같이 이 사건의 수사를 담당한 사법경찰관 경위 ○○○은 마땅히 해야할 수사를 게을리하고 일방적인 증거판단만으로 피의자는 보증인에 불과하지 범죄행위자가 아니라는 이유로 혐의 없음의 없다는 이유로 불송치 결정을 하고 말았으니 이는 수사와 증거판단에 있어 중대한 잘못을 범한 것이자 소추기관으로 사법경찰관의 의무를 게을리 한 것으로서 현저히 자의적인 결정이라 하지 않을 수 없으므로 다시 재수사를 통하여 진실을 가려야 한다고 사료되어 이의신청에 이른 것입니다.

4. 결론

수사미진으로 이 사건은 진실을 제대로 가리지 못하여 고소인이 앞에서 지적한 여러 가지 점에 대하여 피의자 등을 철저히 수사하고 이해관계인 및 관계자료 등을 사법경찰관이 철저히 조사하였더라면 사건이 더욱 명료해졌을 것임에도 불구하고 사법경찰관은 당연히 의심을 갖고 조사해야 할 중요한 사항에 대하여 조사를 전혀 하지 아니한 채 피의자의 변소만을 믿은 나머지 객관적인 증거를 배척하고 자의적인 증거판단을 함으로써 현저히 정의와 형평에 반하는 수사 및 결정을 하고 말았습니다.

그러므로 사법경찰관 경위 ○○○가 한 이 사건 불송치 결정은 수사를 다하지 않은 채 자의적인 판단으로'혐의 없음'불송치 결정을 한 것이므로 위법 또는 부당할 수밖에 없어 다시 사법경찰관으로 하여금 그에 관한 재수사를 하게하고 최종적으로 기소 여부를 판단하여야 한다고 사료되어 이 사건 이의신청에 이른 것입니다.

4.이의신청 결과통지서 수령방법

종류	서면 / 전화 / 팩스 / 전자우편 / 문자메시지

5.소명자료 및 첨부서류

　(1) 수사결과 통지서(고소인 등 불 송치)　　　　　　　　　　　1통

○○○○ 년 ○○ 월 ○○ 일

위 신청인 : ○　○　○　　　(인)

전남 강진경찰서장 귀중

불 송 치 결 정 이 의 신 청 서

사 건 번 호 : ○○○○년 형제○○○○호 사기죄

신 청 인 : ○ ○ ○

부산 해운대경찰서장 귀중

불 송 치 결 정 이 의 신 청 서

1.신청인

성명	○ ○ ○	주민등록번호	생략
주소	부산시 ○○구 ○○로 ○○○, ○○○-○○○호		
직업	개인사업	사무실 주 소	생략
전화	(휴대폰) 010 - 9235 - 0000		
기타사항	이 사건 고소인 겸 이의신청인입니다.		

2.경찰 결정 내용

사건번호	○○○○년 형제○○○○호
죄 명	사기죄
결정내용	혐의 없음(불 송치 결정)

3.이의신청 이유

　신청인(이하'고소인'이라고 줄여 쓰겠습니다)은 피고소인 ○○○(이하'피의자'라고 하겠습니다)을 ○○○○. ○○. ○○. 부산 해운대경찰서 ○○○○년 형제○○○○호 사기죄로 고소한 사건에 관하여 해운대경찰서 사법경찰관 경위 ○○○은 ○

○○○. ○○. ○○. 피의자에 대한 혐의 없음의 이유로 불 송치 결정을 하였는바, 이 결정은 수사미진으로 인한 위법 또는 부당하므로 아래와 같이 이의신청을 제기합니다.

- 아　래 -

1. 이 사건 고소의 요지

　가, 고소인은 ○○○○. ○○. ○○. 피의자를 해운대경찰서에 사기죄로 고소하였는바 그 고소의 요지는 다음과 같습니다.

　　피의자는 (주)○○투자개발 대표이사로, 부산시 해운대구 ○○로 ○○, 소재 ○○커피숍에서 고소인에게 (주)○○씨엔씨로부터 도급받은 부산시 동래구 ○○로 ○○, 소재 지하 ○층, 지상 ○○층 오피스텔 신축공사 중 골조공사를 하도급줄 테니 ○,○○○만원을 달라고 거짓말하여 이에 속은 고소인으로부터 ○○○○. ○○. ○○. 금 ○,○○○만원을 교부받아 이를 편취하였습니다.

　나. 위 사건을 수사한 해운대경찰서 경위 ○○○은 ○○○○. ○○. ○○.피의자에 대한 범죄혐의 인정되지 않는다는 이유로 혐의 없음 불송치 결정을 하였습니다.

2. 사건의 개요 및 이의신청 이유

　가, (주)○○공영은 그 소유인 부산시 동래구 ○○로 ○○, 소재 이 사건 오피스텔 신축공사 부지에 관하여 ○○○○. ○○. ○○.(주)○○씨앤씨와 매매계약을 체결하고, (주)○○씨앤씨는 ○○○○. ○○. ○○.피의자와 위 오피스텔 공사 도급계약을 체결하였습니다.

　　그 후 피의자는 고소인과 그 중 골조공사의 하도급 계약을 체결하면서, ○○○○. ○○. ○○. 그 대가로 고소인으로부터 ○,○○○만원을 교부받았습니다.

나, 이 사건의 쟁점

한편 이 사건에 있어 피의자도 하도급 공사와 관련하여 고소인으로부터 ○,○○○만원을 받은 바 있다고 자인하고 있으나 결국 이 사건에서의 중요한 쟁점은 피의자가 이 돈을 받는 과정에서 고소인을 기망하였는지 여부에 있습니다.

다, 이 사건의 경위

피의자는 (주)○○씨앤씨의 대표이사 최○○이 부산시 동래구 ○○로 ○○,소재 오피스텔 신축공사의 시행사로 자기 회사가 선정되면 도급을 주겠다고 하여 (주)○○씨앤씨와 계약서를 작성한 후 고소인에게 이를 보여주고 그 중 골조공사를 고소인에게 하도급 주기로 하여 그 계약서를 작성하고 그 계약금조로 ○,○○○만원을 교부받았고, 이와 같이 고소인으로부터 받은 ○,○○○만원을 포함하여 모두 ○,○○○만원을 이○○에게 교부하였으며, 달리 고소인을 기망한 바 없다고 주장하고 있습니다.

또 이○○은 피의자가 위와 같이 (주)○○씨앤씨와 도급계약서를 작성한 후 대표이사인 최○○을 믿지 못하겠다며 둘이서 같이 사업을 추진하자고 제의하고 사업자금의 조달을 위하여 사채업자인 이○○에게 대출을 부탁하자 착수금을 요구하여 피의자로부터 받은 ○,○○○만원을 이○○에게 주었고, 이○○는 그렇게 돈을 받고도 대출을 해 주지 못하고 받은 돈 조차 반환하지 않고 있는 상황이라고 진술하고 있습니다. 한편 이○○는 이○○로부터 대출 부탁을 받고 착수금조로 ○,○○○만원을 교부받아 보관하다가 감정비용이 부족하여 대출을 받지 못하고 있던 중 그 돈을 다른 사람들에게 빌려준 후 돌려받지 못하였다고 진술하고 있습니다.

라, 이 사건의 실체

이 사건 오피스텔 부지에 관하여 (주)○○공영과 (주)○○씨앤씨 간에 위와 같이 체결되었던 매매계약이 파기되고, ○○○○. ○○. ○○. 그 소유권이 (주)○○공영으로부터 (주)○○산업으로 이전되었으므로 피의자가 고소인으로부터 이 사건 돈을 받을 시점에 있어서의 부지 소유자는 (주)○

○산업입니다. 이러한 상황에서 (주)○○씨앤씨가 당초의 공사 부지도 제대로 확보하지 못하여 공사의 진행 여부가 불투명한데도, 그로부터 이 사건 오피스텔 공사를 도급받은 피의자가 그 중 골조공사를 하도급 준다는 명목으로 고소인으로부터 돈을 금○,○○○만원을 받았다면 이는 기망행위에 해당됩니다.

이에 대하여 피의자는 (주)○○씨앤씨의 대표인 최○○이 찾아와 아는 사람이 그 부지를 구입하겠다고 하니 그 부지를 구입하여 하도급을 주겠다고 하여, 자신으로서는 공사가 제대로 진행될 수 있으리라 믿고 하도급 계약서를 작성하였다고 진술하고 있으나, 최○○에 대한 조사가 이루어지지 않아 그가 그렇게 진술하였는지 확실하지 않고, 또 하도급 계약 과정에서 피의자가 고소인에게 이러한 사정을 제대로 설명하거나 고지하여 주었는지도 불분명합니다.

사법경찰관 경위 ○○○은 고소인, 피의자, 이○○ 3인을 불러 대질조사를 하였으나 그 과정에서 고소인이 당시 피의자로부터 어떠한 내용의 설명을 들었는지에 관하여는 제대로 조사하지 않았습니다.

또한 피의자는 최○○과 하도급 계약을 체결한 다음 최○○을 믿지 못하여 이○○과 둘이서 자금을 마련하여 오피스텔 공사를 하려 하였다고 하고, 이○○은 피의자와 둘이서 사업을 진행하기로 하고 대지 구입 자금을 마련하기 위하여 사채업자인 이○○에게 착수금을 주어야 한다고 하자 피의자가 ○,○○○만원을 마련해 주었는데 그 돈이 고소인과 강○○로부터 받은 돈인 줄은 몰랐다고 진술하고 있습니다.

이에 따르면, 피의자는 최○○과 체결한 도급계약이 제대로 실행되지 않으리라 판단하고 이○○과 둘이서 자금을 마련하여 부지를 구입하고 공사를 시행하려 하였다는 것으로, 그러한 상황에서 피의자는 고소인에게 하도급을 주겠다는 것은 일단 명목에 지나지 아니하고, 사실은 피의자가 부지매입 자금의 마련에 필요한 비용을 조달하려 하였거나, 피의자가 고소인에게 이러한 사정을 제대로 설명해 주지 않았을지 모른다는 의구심을 배제하기 어렵습니다.

즉 피의자가 자금조달 비용을 마련하기 위하여 고소인을 속여 돈을 편취하였을 가능성이 엿보이고, 실제 공사를 위하여는 ○,○○○억 원 이상의 자금을 마련하여 부지를 매입하여야 하고 부지매입 자금을 마련하기 위한 돈이 필요한 사정이었음을 고소인이 제대로 알았더라면 하도급 공사 대가로 피의자에게 ○,○○○만원을 주지는 않았을 것입니다.

그리고 사법경찰관 경위 ○○○은 고소인이 고소한 5명의 피의자 중 피의자와 이○○만을 조사하고 나머지 피의자들은 조사한 바 없으며, 피의자 또한 위 최○○의 말만을 믿고 고소인과 하도급 계약을 체결하였다고 변소하고 있으므로, 이를 밝히기 위하여는 위 최○○을 불러 조사하는 것이 반드시 필요할 것으로 보입니다. 특히 최○○은 여러 건의 사기죄로 수배되어 있어 소환에 있어 다소 지장이 있을 것으로 보입니다.

또한, 피의자가 고소인으로부터 그 돈을 받을 당시 고소인에게 어떠한 이야기를 하였는지, 즉 기망행위가 있었는지에 관하여 조사가 매우 부족하고, 게다가 고소인이 피의자와 계약을 체결하거나 그 계약금을 지급할 당시 이 사건의 건축부지가 이미 확보된 것으로 알고 있었는지, 피의자가 실제로 고소인에게 하도급을 줄 의사나 능력이 있었는지 여부 등에 관하여도 전혀 조사되어 있지 않았습니다.

그리고 폭 넓게 사안의 진상을 밝히기 위하여는 고소인과 같은 명목으로 피의자에게 ○,○○○만원을 주었다는 강○○에 대하여도 조사하여 그 돈을 받는 과정에서 기망행위가 있었는지 여부도 아울러 밝혀 볼 필요가 있습니다.

결국 사법경찰관 경위 ○○○으로서는 이 사건 사안의 진상을 규명함에 있어 앞서 본 바와 같이 자료가 부족하거나 내용이 의심스러운 부분에 관하여 좀 더 적극적으로 수사하여 그 결과를 바탕으로 피의자의 혐의 유무에 대하여 신중히 결정하였어야 함에도 불구하고, 이를 다하지 아니한 채 만연히 혐의 없음의 불송치 결정을 하였음은, 그 결정에 영향을 미친 현저한 수사미진이나 증거자료의 취사선택 또는 판단을 그르친 위법이 있습니다.

3. 결론

　　이 사건은 현재 사법경찰관이 수사한 결과만으로 현출된 증거의 내용이 부족하여 앞에서 지적한 여러 가지 점에 대하여 피의자 등을 철저히 수사하고 이해관계인 및 관계자료 등을 조사하였더라면 사건이 더욱 명료해졌을 것임에도 불구하고 사법경찰관 경위 ○○○은 당연히 의심을 갖고 조사해야 할 중요한 사항에 대하여 조사를 전혀 하지 아니한 채 피의자의 변소만을 믿은 나머지 객관적인 증거를 배척하고 자의적인 증거판단을 함으로써 현저히 정의와 형평에 반하는 수사 및 결정을 하였습니다.

　　따라서 사법경찰관 경위 ○○○은 수사를 다하지 않은 채 자의적인 판단으로 '혐의 없음'불송치 결정을 한 것은 위법 또는 부당하므로 사법경찰관으로 하여금 다시 그에 관한 보완수사와 합리적인 재수사를 하게하고 최종적으로 기소 여부를 판단하여야 한다고 사료되어 이 사건 이의신청에 이른 것입니다.

4.이의신청 결과통지서 수령방법

종류	서면 ／ 전화 ／ 팩스 ／ 전자우편 ／ 문자메시지

5.소명자료 및 첨부서류

　(1) 수사결과 통지서(고소인 등 불 송치)　　　　　　　　　　1통

○○○○ 년 ○○ 월 ○○ 일

위 신청인 : ○　○　○　　　(인)

부산 해운대경찰서장 귀중

(21) 불 송치 결정 이의신청서 – 사이버명예훼손죄 혐의없음 불송치 결정 증거관
계 수사미진 불송치 결정 위법 부당하여 재수사
를 요구하는 이의신청서

불 송 치 결 정 이 의 신 청 서

사 건 번 호 : ○○○○년 형제○○○○호 정보통신망법 명예훼손

신 청 인 : ○ ○ ○

경상남도 ○○경찰서장 귀중

불 송 치 결 정 이 의 신 청 서

1.신청인

성명	○ ○ ○		주민등록번호	생략
주소	강원도 춘천시 ○○로 ○○길 ○○, ○○○호			
직업	종업원	사무실 주 소	생략	
전화	(휴대폰) 010 - 1248 - 0000			
기타사항	이 사건 고소인 겸 이의신청인입니다.			

2.경찰 결정 내용

사건번호	○○○○년 형제○○○○호
죄　　명	정보통신망 이용촉진 및 정보보호 등에 관한 법률 제70조 제2항 거짓의 사실을 드러내어 사이버명예 훼손죄
결정내용	혐의 없음(증거불충분) 불 송 치 결정

3.이의신청 이유

　　신청인(이하‘고소인’이라고 줄여 쓰겠습니다)은 피고소인 ○○○(이하‘피의자’라고 하겠습니다)을 ○○○○. ○○. ○○. 경상남도 진주경찰서 ○○○○년 형제○○

○○호 정보통신망 이용촉진 및 정보보호 등에 관한 법률 제70조 제2항 거짓의 사실을 드러내어 사이버명예훼손죄로 고소한 사건에 관하여 경상남도 진주경찰서 사법경찰관 경위 ○○○은 ○○○○. ○○. ○○. 피의자에게 혐의 없음(증거불충분)의 이유로 불 송치 결정을 하였는바, 이는 부당하므로 아래와 같이 이의신청을 제기합니다.

- 아   래 -

1. 사건의 개요

가. 피의자는 ○○○○. ○○. ○○. 경상남도 진주시 ○○로 ○○, ○○커피숍에서 자신의 계정인 페이스북(www.facebook.com)에 댓글로 경상남도 진주시 ○○고등학교 ○○회 동창인 고소인 이○○에게 "너 예전에 100만 원 훔쳐갔잖아" 라는 거짓의 사실을 드러내어 고소인의 명예를 훼손하였습니다.

나, 고소인은 이에 피의자를 정보통신망 이용촉진 및 정보보호 등에 관한 법률 제70조 제2항 거짓의 사실을 드러낸 사이버명예훼손죄로 고소하였습니다.

다, 이 사건의 수사를 담당한 경상남도 진주경찰서 사법경찰관 ○○○은 ○○○○. ○○. ○○. 혐의 없음(증거불충분)의 이유로 불송치 결정을 하였습니다.

2. 이의신청의 요지

가, 피의자는 페이스북에 고소인에게 돈을 훔쳐갔다는 내용의 댓글을 게시하였음에도 수사를 담당한 사법경찰관 경위 ○○○은 피의자와 참고인의 일방적인 진술만을 근거로 하여 피의자의 혐의를 인정할 수 없다는 이유로 불송치 결정을 하였습니다.

나, 댓글을 게시한 사실 여부

" 피의자가 페이스북 계정에 고소인을 상대로 ○○○○. ○○. ○○. "너 예전에 100만 원 훔쳐갔잖아" 라는 내용의 댓글을 게시한 사실이 있는지 여부입니다."

다, 인정되는 사실관계

(1) 피의자 ○○○와 고소인 ○○○은 이 사건 당시 ○○세로, 경상남도 진주시 ○○로길 ○○중학교, ○○고등학교의 동창 사이입니다.

(2) 고소인과 피의자가 서로 사이가 좋았습니다. 그런데 ○○고등학교 3학년 때 피의자가 고소인이 훔쳐가지도 않은 돈 100만 원을 훔쳐갔다고 소문을 내어 그 후부터 사이가 안 좋아졌습니다.

(3) 고소인은 ○○○○. ○○. ○○. "○○○○. ○○. ○○. 피의자가 자신의 페이스북으로 고소인을 절도범이라고 소문을 퍼뜨리고 피의자의 페이스북에 그러한 글을 게시되어 있어" 피의자를 경찰에 신고하였습니다.

(4) 고소인은 ① ○○고등학교 3학년(○○○○년) 때 같은 반 학생인 이○동이 지갑에 있던 100만 원이 없어졌다고 한 적이 있는데, 당시 피의자가 고소인이 이○동의 지갑을 꺼내는 것을 본 적이 있다고 담임 선생님에게 말하여 억울하게 도둑으로 의심받은 적이 있었고 ② ○○○○. ○○. ○○. 피의자가 자신의 페이스북에 댓글로 고소인에게 "100만 원 어디에 있냐, 당장 내 놓아라"고 적어 이 피해사실을 담임선생님에게 이야기했는데 선생님이 어떤 조치도 하지 않았습니다.
다만 당시 ○○고등학교에 다니는 강○○라는 형이 피의자의 페이스북 글을 보고 고소인에게 페이스북에서 피의자와 싸우지 말라고 한 적이 있고 ③ ○○○○. ○○. ○○. 학교에서 동급생 양○○이 고소인에게 "100만 원 훔쳤냐" 라고 물었고, 동급생 김○○은 고소인에게 "오○○(피의자)에게 너가 100만 원 훔쳤다고 말할거야" 라고 한 적이 있는데, 이는 피의자가 페이스북에 고소인이 100만 원을 훔쳐갔다는 허위 내용의 댓글을 달았기 때문입니다.

(5) 피의자는 고소인의 신고내용에 대하여 ① 페이스북에 피해자를 상대로 "너 예전에 100만 원 훔쳐갔잖아" 등의 내용으로 댓글을 게시하였고, ② 고소인과는 ○○○○. ○○. ○○.경 각각 다른 고등학교로 전학하였기 때

문에 그 후로는 서로 만나거나 연락할 이유가 없었다면서 혐의사실을 전면 부인하고 있습니다.

(6) 동급생 양○○은 ○○○○. ○○. ○○.고소인에게 피의자의 계정에 고소인이 100만 원을 훔쳤다고 댓글을 보았다고 하여 고소인이 확인해보자 사실이어서 고소장을 진주경찰서에 제출한 후 사법경찰관과의 전화통화에서 그 경위에 관하여 피의자가 페이스북 계정에 고소인의 상대로 '너 예전에 100만 원 훔쳐갔잖아' 라는 글이 적혀 있어 이를 보고 고소인에게 알려준 것이라고 진술하고 있습니다.

이에 사법경찰관이 "그 계정주가 '○○○(피의자) 인지" 묻자 "○○○(피의자)" 라고 답하면서 페이스북을 본 날짜는 기억나지 않는다고 진술하였습니다.

이후 양○○은 사법경찰관과의 전화통화에서는 "○○○(피의자)의 페이스북에 우연히 들어가게 되었는데, ○○○(피의자)의 계정 프로필 사진에 고소인이 먼저 '○○○ 재수 없어' 라는 댓글을 달자 ○○○(피의자)이 고소인을 상대로 '너 예전에 100만 원 훔쳐갔잖아' 라는 댓글을 단 것을 보았고, 이후 학교에서 고소인을 만나 '100만 원을 훔친 사실이 있냐' 고 물어보았는데 고소인은 그런 사실이 없다고 하였다" 고 진술하였습니다.

3. 이의신청의 이유

가, 위와 같이 고소인의 주장과 피의자의 주장이 상반되고, 피의자의 페이스북 계정에 게시되었다는 댓글의 게시 여부를 확인할 수 없다면 사법경찰관은 제3자의 진술 등 여러 증거를 종합하여 누구의 주장이 더 신빙성이 있는지 판단하였어야 합니다.

나, 앞에서도 말씀드렸다시피 증거관계에 의하면 페이스북에 피의자가 100만 원을 훔쳐갔다는 내용의 글이 게시된 적은 사실임에도 불구하고 사법경찰관의 불송치 결정 이유에 의하면 해당 페이스북 계정주가 피의자라고 단정할 수 없다는 이유로 불송치 결정을 한 것은 위법합니다.

고소인은 ○○○○. ○○. ○○. 양○○으로부터 "100만 원을 훔친 적이 있느냐"는 말을 듣고 피의자의 계정으로 접속하여 "100만 원을 훔친 적이 있느냐"는 댓글을 보고 명예훼손으로 신고한 것입니다.

다, 이 사건 피해사실과 관련하여 ① ○○고등학교 학생인 강○○가 피의자의 페이스북에 게시된 댓글을 보고 고소인에게 피의자과 서로 싸우지 말라고 한 사실도 있고, ② ○○○○. ○○. ○○. 고소인이 학교 담임선생에게 피의자의 페이스북 댓글에 대하여 이야기했는데도 별다른 조치를 취해주지 않았습니다.

그렇다면 사법경찰관은 강○○나 당시 고소인의 담임선생을 상대로 고소인의 주장에 대한 진위 여부를 구체적으로 조사하는 등 추가 수사를 하여 당시 상황에 대한 자료를 확보함으로써 고소인의 주장에 대한 신빙성에 대하여 종합적으로 판단하여야 하였어야 함에도 불구하고 사법경찰관은 그러한 수사를 전혀 하지 아니한 채 불송치 결정을 한 것은 부당합니다.

라, 고소인의 주장에 부합하는 양○○은 누군가의 페이스북에서 피해자가 100만 원을 훔쳤다는 내용의 글을 보고 피해자에게 그러한 사실이 있는지를 물었다고 진술하고 있습니다.

해당 페이스북의 계정주와 관련하여 수사 초기부터 "○○○(피의자)라고 분명히 기억하고 있습니다. 위와 같이 양○○이 피의자의 해당 페이스북 계정주로 특정한 경위에 대한 추가적인 정황이나 구체적인 설명 없이는 위 진술을 전적으로 신뢰하기 어렵다 하더라도 양○○은 이후 사법경찰관과의 통화에서 "고소인이 먼저 피의자의 페이스북에 '재수 없다.'라고 하자 이에 피의자가 고소인에게 '너 예전에 100만 원 훔쳐갔잖아'라고 댓글을 달았다"고 진술하고 있습니다.

사법경찰관으로서는 양○○을 상대로 문제의 댓글이 게시된 페이스북의 계정주가 피의자임을 정확하게 기억하는지 여부, 문제의 댓글을 본 시점, 피의자와의 관계, 수사 시점까지 피의자의 이름을 기억하는 이유가 있는지, 고소인에게 100만 원을 훔쳐갔냐고 물어볼 당시 페이스북과 관련하여 고소인에게 무엇이라고 말하였는지 등에 대하여 구체적으로 조사하여 양○○의 진술에 대한 신빙성을 판단하였어야 함에도 이와 같은 부분에 대하여는 전혀 조사하지 않았습니다.

마, 이상과 같이 수사된 내용만으로는 피의자가 자신의 페이스북에 고소인이 돈을 훔쳤다는 취지의 글을 게시하였다고 단정할 수 있음에도 불구하고 피의자의 명예훼손 혐의는 인정하기 어렵다는 이유로 사법경찰관은 불송치 결정을 하였습니다.

4. 결론

따라서 이 사건 불송치 결정에는 그 결정에 영향을 미친 중대한 수사미진 또는 증거판단의 잘못이 있으므로 다시 사법경찰관에게 재수사를 요청하고 최종적으로 기소 여부를 결정하여야 합니다.

4.이의신청 결과통지서 수령방법

종류	서면 / 전화 / 팩스 / 전자우편 / 문자메시지

(1) 수사결과 통지서(고소인 등 불 송치)   1통

○○○○ 년 ○○ 월 ○○ 일

위 신청인 : ○ ○ ○   (인)

경상남도 ○○경찰서장 귀중

(22) 수사심의 신청서 – 수사를 담당하는 사법경찰관이 사건처리기간을 지연시키
고 있어 상급 지방경찰청장에게 적절한 조치를 취해 달
라는 수사심의신청서

수 사 심 의 신 청 서

사 건 번 호 : ○○○○년 형제○○○○호 횡령죄

신 청 인 : ○ ○ ○

인천지방경찰청장 귀중

수 사 심 의 신 청 서

1.신청인

성명	○ ○ ○		주민등록번호	생략
주소	인천시 부평구 ○○○로 ○○길 ○○, ○○○호			
직업	개인사업	사무실 주 소	생략	
전화	(휴대폰) 010 - 6789 - 0000			
기타사항	이 사건 고소인 겸 이의신청인입니다.			

2.당해 사건 내용

사건번호	○○○○년 형제○○○○호
죄 명	횡령죄
결정내용	사건처리기간 지연

3.수사심의신청 이유

　수사심의 신청인(이하, 앞으로는‘고소인’이라고 줄여 쓰겠습니다)은 피고소인 ○○○(이하, 다음부터‘피의자’라고 하겠습니다)을 ○○○○. ○○. ○○. 인천시 부평경찰서 ○○○○년 형제○○○○호 횡령죄로 고소한 사건에 관하여 수사를 담당한 사법경찰관 경위 ○○○은 고소장을 접수한 날부터 3개월이 지나도록 제1회 피의자신문조서를 작성하지 않아 사건처리기간을 지연시키고 있으므로 인천지방 경찰청장에게 아래와 같이 수사심의 신청을 하오니 적절한 조치를 취하여 주시기 바랍니다.

-　　아　　　래　-

1. 고소장 접수 및 의견서 제출

가. 고소인은 인천시 부평경찰서에 위 사건에 관한 고소장을 ○○○○. ○○. ○
○.에 접수하여 ○○○○. ○○. ○○. 고소보충진술을 마쳤습니다.

나, 또한 고소인은 범죄사실을 입증하는 관련 입증자료 및 사실관계 기술, 법리
적 구성을 보강한 고소인 의견서를 ○○○○. ○○. ○○.접수하기도 하였습
니다.

2. 수사지연

가, 그런데 위 사건에 대한 수사를 담당하는 인천 부평경찰서 사법경찰관 경위
○○○은 위 사건의 고소장 접수일로부터 약 3개월 가까이 경과한 현 시점
까지 피의자에 대하여 제1회 피의자 신문조차 행해지지 않은 실정입니다.

나, 이에 관하여 고소인은 수사를 담당하는 사법경관에게 피의자 신문이 시행되
지 않은 이유가 무엇인지 문의하였는데, 사법경찰관 경위 ○○○은 고소인에
게'우편으로 출석 요구서를 발송했는데 오지 않고 있다'는 취지로 답하였고,
이에 고소인은 전화 능 다른 방법에 의하어 출서 요구를 한 적은 없는지 재
차 문의하였으나, 사법경찰관 경위 ○○○은'우편으로 출석 요구서를 발송했
으니 기다리면 된다, 정 안 나오면 나중에 전화해보겠다'는 식으로 답하였습
니다.

다, 그러나 고소인이 알기로 수사실무상 출석요구가 원칙적으로 출석요구서의 발

부에 의하는 것이라 하더라도, 필요한 경우 휴대전화 · 모사전송 · 인편 등
상당한 방법으로 할 수 있음은 물론이고, 정당한 이유 없이 출석요구에 응
하지 않는 것은 체포영장 청구의 사유가 된다 할 것입니다.

3. 수사가 시급한 상황

가, 또한 고소인의 본건 고소는 첨부한 고소인 의견서 내용과 같이 그 혐의사실
이 인정될 경우, 그 죄질이 결코 가볍지 않은 사건이라 할 것이고(편취 또는
횡령의 피해금액이 3억 원을 상회합니다), 피의자가 고소인의 피해금액을 포
함한 관련 회사 자산을 빼돌릴 수 있는 상황이라 신속한 수사의 전개가 한
시가 급한 상황입니다.

나, 그럼에도 본건 수사는 달리 피의자가 도주하여 도망을 다니는 상황도 아닌
데, 고소장 접수일로부터 3개월이 되도록 피의자 조사조차 되지 않았을 정
도로 현저히 수사지연이 발생하고 있습니다(피의자들은 관련 민사사건에서
법정에 잘도 출석하고 있습니다)

다, 실제로 피의자는 관련 민사사건(직무집행정지 가처분 사건)에서 관련 혐의에
관하여 자기는 경찰로부터 출석요구를 받지도 않았다고 진술한 적이 있는바
(첨부한 피의자의 준비서면 참조), 그것이 사실이라면 본건 수사에서 제대로
출석요구조차 되지 않은 것이 되어 이 사건 수사를 담당하는 사법경찰관 경
위 ○○○은 심각한 직무해태가 성립된다 하겠습니다(고소인은 그러한 피의자
의 진술이 거짓이고 최소한 그 출석요구 정도는 제대로 되었기를 바랍니다)

4. 결론

가, 결국 고소인은 위 인천 부평경찰서의 수사지연으로 인하여 현재 그 권리구제
에 있어 심대한 어려움을 겪고 있습니다.

나, 상급기관인 인천지방경찰청에서 이러한 수사지연 상태가 바로 잡히도록 수사
심의 신청서를 제출하오니 존경하옵는 인천지방경찰청장께서 인천 부평경찰
서에 적절한 지휘 · 감독권을 행사하여 주실 것을 간곡히 요청 드립니다.

4.수사심의신청 결과통지서 수령방법

종류	서면 / 전화 / 팩스 / 전자우편 / 문자메시지

5.소명자료 및 첨부서류

  1. 고소장   1통

  1. 고소인 의견서   1통

  1. 피의자가 제출한 준비서면   1통

○○○○ 년 ○○ 월 ○○ 일

위 신청인 : ○ ○ ○　　(인)

인천지방경찰청장 귀중

수 사 심 의   신 청 서

사 건 번 호 : ○○○○년 형제○○○○호 사기죄

신 청 인 : ○   ○   ○

충남지방경찰청장 귀중

수 사 심 의 신 청 서

1.신청인

성명	○ ○ ○	주민등록번호	생략
주소	충청남도 보령시 ○○로 ○○길 ○○, ○○○호		
직업	상업	사무실 주 소	생략
전화	(휴대폰) 010 - 2378 - 0000		
기타사항	이 사건 피고소인 겸 수사심의 신청인입니다.		

2.당해 사건 내용

사건번호	○○○○년 형제○○○○호
죄 명	사기죄
결정내용	편파수사로 인한 담당 수사관 교체

3.수사심의신청 이유

　수사심의 신청인(이하, 앞으로는 '피고소인'이라고 줄여 쓰겠습니다)은 고소인 ○○○(이하, 다음부터 '고소인'이라고 하겠습니다)이 ○○○○. ○○. ○○. 보령경찰서 ○○○○년 형제○○○○호 사기죄로 고소한 사건에 관하여 수사관 경사 ○

○○은 ○○○○. ○○. ○○. ○○:○○ 제1회 진술조사 시 신청인이 입회인 ○○
○을 증인으로 신청하자 거부하고 오히려 고소인에게 찾아가 돈을 갚으라고 하는
등 편파수사를 한 사실이 있으므로 충남지방경찰청장에게 아래와 같이 수사심의
신청을 하오니 적절한 조치를 취하여 주시기 바랍니다.

- 아 래 -

1. 수사관 교체 요청

(1) 피고소인이 ○○○○. ○○. ○○. 14:00에 출석하여 담당 수사관 경장 ○○
○으로부터 조사를 받는 과정에서 피고소인이 돈을 빌릴 당시 입회인으로
참석한 ○○○의 연락처를 불러주고 소환하여 돈을 빌린 경위를 물어봐 달
라고 요구하였으나 이를 거부하여 편파수사를 하였습니다.

(2) ○○○○. ○○. ○○. 15:20 피고소인 2회 조사를 받았는데 피고소인에게
고소인의 주장이 맞다 왜 고집을 부리고 돈을 돌려주지 않느냐며 고소인에
게 당장 돈을 돌려주지 않으면 처벌을 받는다는 말을 스스럼없이 하는 것을
볼 때 이는 분명 고소인으로부터 청탁을 받은 것으로 의심할만한 구체적인
사유로서 공정한 수사를 기대할 수 없으므로 수사관 교체를 요청하게 된 것
입니다.

(3) 이에 피고소인은 이 사건에 대하여 공정한 수사를 더 이상 기대할 수 없으
므로 담당 조사관 경장 ○○○의 교체가 필요하다고 사료되어 이 사건 심의
신청에 이른 것입니다.

2. 결론

가, 결국 피고소인은 담당 조사관 경장 ○○○의 편파수사로 인하여 현재 그 권
리구제에 있어 심대한 어려움에 처해 있습니다.

나, 따라서 상급기관인 충남지방경찰청에서 피고소인에 대한 편파수사의 상태가

바로 잡히도록 수사심의 신청서를 제출하오니 보령경찰서에 적절한 지휘·감독권을 행사하여 담당 수사관을 교체하여 주실 것을 간곡히 요청 드립니다.

4.수사심의신청 결과통지서 수령방법

종류	서면 / 전화 / 팩스 / 전자우편 / 문자메시지

5.소명자료 및 첨부서류

1. 입회인 ○○○에 대한 증인요청사실   1통

○○○○ 년 ○○ 월 ○○ 일

위 신청인 : ○   ○   ○   (인)

충남지방경찰청장 귀중

민사사건 등 법률구조 신청서

사건번호	접수일	처리(조사)기간 : 1월 (연장 가능)

귀 공단 법률구조사건처리규칙 제7조에 따라 아래와 같이 법률구조를 신청합니다.

<table>
<tr><td rowspan="4">의 뢰 자</td><td>성 명</td><td></td><td>생년월일</td><td></td></tr>
<tr><td>주 소</td><td></td><td>전 화
E-mail</td><td></td></tr>
<tr><td>송달장소</td><td></td><td>전 화</td><td></td></tr>
<tr><td>직 업
(대상자)</td><td></td><td colspan="2">[ ] 문자메시지 수신동의
[ ] 전자우편 수신동의</td></tr>
<tr><td rowspan="3">상 대 방</td><td>성 명</td><td></td><td>생년월일</td><td></td></tr>
<tr><td>주 소</td><td></td><td>전 화
E-mail</td><td></td></tr>
<tr><td>송달장소</td><td></td><td>전 화</td><td></td></tr>
<tr><td rowspan="2">신청사실의
요 지</td><td colspan="2" align="center">사 건 명</td><td colspan="2" align="center">구조신청금액</td></tr>
<tr><td colspan="4">(6하 원칙에 따라 상세하게 기재하여 주시기 바랍니다.)</td></tr>
<tr><td rowspan="3">제출서류</td><td colspan="4">대상자 및 당사자 관련</td></tr>
<tr><td colspan="4">승소가능성(입증방법) 관련</td></tr>
<tr><td colspan="4">집행가능성 관련</td></tr>
</table>

년   월   일   의뢰자   (서명 또는 인)

위 의뢰자의 대리인   (서명 또는 인)

대한법률구조공단 귀중

<table>
<tr><td rowspan="2">접수확인</td><td>접수담당직원</td><td colspan="2">고객지원부(팀)장</td><td>지 부 장</td><td>조사담당 직원</td></tr>
<tr><td></td><td colspan="2">전 결</td><td></td><td>조사담당변호사</td></tr>
</table>

법률구조신청을 위한 개인정보 수집 · 이용 및 제3자 제공 동의서

대한법률구조공단은 법률구조 서비스 제공을 위하여 아래와 같이 개인정보를 수집 · 이용 및 제공하고자 합니다. 내용을 자세히 읽으신 후 동의 여부를 결정하여 주십시오.

☐ 개인정보 수집 · 이용 내역(필수사항)

항 목	수집목적	보유기간	
성명, 주소, 연락처, 생년월일, 직업(대상자 정보)	법률구조신청	영구	
※ 위의 개인정보 수집 · 이용에 대한 동의를 거부할 권리가 있습니다. 그러나 동의를 거부할 경우 서비스 제공에 제한을 받을 수 있습니다(개인정보를 이용하여 귀하에게 상소심구조신청 등을 위하여 연락할 수 있습니다).	☞ 위와 같이 개인정보를 수집·이용하는 데 동의하십니까?	동 의	
		미동의	

☐ 선택적 개인정보 수집 · 이용 내역(동의 거부 가능, 해당항목에 √)

항 목	수집목적	보유기간	
☐ 무료대상자 소명 정보 ☐ 송달장소 ☐ 연락처(이메일) ☐ 계좌번호	법률구조신청사건처리	10년	
※ 위의 개인정보 수집 · 이용에 대한 동의를 거부할 권리가 있습니다. 그러나 동의를 거부할 경우 서비스 제공에 제한을 받을 수 있습니다.	☞ 위와 같이 개인정보를 수집·이용하는데 동의하십니까?	전체동의	
		일부동의 (항목선택)	
		미 동 의	

〈기타 고지 사항〉

개인정보 보호법 제15조제1항제2호, 제3호에 따라 정보주체의 동의 없이 아래와 같이 개인정보를 수집 · 이용합니다.

개인정보 처리사유	개인정보 항목	수집 근거
법률구조신청 사건의 처리	주민등록번호(외국인등록번호), 신청사실에 민감정보가 포함된 경우 그 정보	「법률구조법」 제8조, 같은 법 시행령 제4조의2

본인은 위 동의서 내용과 같이 개인정보의 수집·이용에 관한 본인의 권리에 대하여 이해하고 서명합니다.

년   월   일

본인   성명   (서명 또는 인)

(정보주체가 만14세 미만인 경우)   법정대리인   성명   (서명 또는 인)

□ 개인정보 제3자 제공 내역

제공받는 기관	제공목적	제공하는 항목
출연기관*	소송비용상환	성명, 사건번호, 대상자, 소송비용

* 각 대상자에 따른 공단「무료법률구조사업시행지침」제2조에 의한 출연기관 ※ 위와 같이 개인정보를 제공하는 데 동의를 거부할 권리가 있습니다. 그러나 동의를 거부할 경우 무료법률구조 서비스 제공에 제한을 받을 수 있습니다.	☞ 위와 같이 개인정보를 제3자에게 제공하는데 동의하십니까?

□ 법률서면 등 활용 동의

※ 공단은 인공지능 법률지원서비스, 사례교육 및 홍보 등을 위하여 소장 등 법률서면과 판결문(결정문)에 대하여 개인에 관한 정보(성명, 주민등록번호 등 개인을 알아볼 수 있는 정보)를 알아볼 수 없도록 처리하여 내부 활용 및 제3자에게 제공할 수 있습니다.	☞ 위와 같이 법률서면 등을 활용하는데 동의하십니까?	동 의
		미동의

본인은 위 동의서 내용과 같이 개인정보의 제3자 제공 등에 관한 본인의 권리에 대하여 이해하고 서명합니다.

년   월   일

본인   성명   (서명 또는 인)

(정보주체가 만14세 미만인 경우)   법정대리인   성명   (서명 또는 인)

대한법률구조공단 이사장 귀중

(25) 소송구조신청서

소송구조신청서

수입인지 1,000원
송달료 2회분

구조대상사건 : ○○○○가단○○○○호 손해배상(자)

신청인(원고, 피고)　○○○

주소 :

전화, 휴대폰, 팩스번호 :

상대방(원고, 피고)　○○○

주소 :

위 신청인은 위 사건에 관하여 아래와 같은 사유로 소송구조를 신청합니다.

1. 구조를 신청하는 범위
　□ 인지대　　[□ 소장　□ 상소장　□ 기타(　　　　　　)]
　□ 변호사비용
　□ 기타 (　　　　　　　　　　　　　　　)
　□ 위 각 사항 등을 포함한 소송비용 전부

2. 구조가 필요한 사유
　가. 사건 내용 : 별첨 기재와 같다(소장 사본의 첨부로 갈음 가능).
　나. 신청인의 자력 :
　　□ 「국민기초생활보장법」에 따른 수급자(수급자 증명서)
　　□ 「한부모가족지원법」에 따른 지원대상자(한부모가족증명서)
　　□ 「기초연금법」에 따른 수급자(기초연금수급자 증명서 또는 기초노령연금 지급내역
이 나오는 거래은행통장 사본)
　　□ 「장애인연금법」에 따른 수급자(장애인연금수급자 증명서 또는 장애인연금 지급내
역이 나오는 거래은행통장 사본)
　　□ 「북한이탈주민의 보호 및 정착지원에 관한 법률」에 따른 보호대상자(북한이탈주
민등록확인서)
　　□ 위 대상자 외의 자 :　재산관계진술서 및 그 밖의 소명자료 첨부

　위 신청인은 소송진행 중이나 완결 후에 신청인의 직업이나 재산에 중대한 변
동이 생긴 때, 소송의 결과 상대방으로부터 이행을 받게 된 때에는 법원에 즉시
그 내용을 신고하겠습니다.

○○○○○.　○○.　○○.

위 신청인 :　○○○　　　　　　(서명 또는 날인)

○○지방법원 제○부(단독) 귀중

제출법원	본안소송 계속법원	신 청 인	본인(법정대리인)
제출부수	신청서 1부	관련법규	·민사소송법 128조~133조 ·민사소송규칙 24조~27조
불복방법	재판이 고지된 날로부터 1주일 이내 즉시항고 (민사소송법 444조)		
비　용	인지액 : ○○○원(☞민사접수서류에 붙일 인지액) 송달료 : ○○○원(☞적용대상사건 및 송달료 예납기준표)		

소송구조 재산관계진술서

<table>
<tr><td rowspan="2">신 청 인</td><td>이　름</td><td></td><td colspan="2">주민등록번호</td><td colspan="3"></td></tr>
<tr><td>직　업</td><td></td><td colspan="2">주　소</td><td colspan="3"></td></tr>
<tr><td rowspan="5">가족관계</td><td>이　름</td><td>신청인과
관계</td><td>나이</td><td>직업</td><td colspan="2">월수입</td><td>동거여부</td></tr>
<tr><td></td><td></td><td></td><td></td><td colspan="2"></td><td></td></tr>
<tr><td></td><td></td><td></td><td></td><td colspan="2"></td><td></td></tr>
<tr><td></td><td></td><td></td><td></td><td colspan="2"></td><td></td></tr>
<tr><td></td><td></td><td></td><td></td><td colspan="2"></td><td></td></tr>
<tr><td rowspan="2">신청인의
월 수 입</td><td>금　액</td><td colspan="6"></td></tr>
<tr><td>내　역</td><td colspan="6"></td></tr>
<tr><td>수급권자
여　부</td><td colspan="7">□ 국민기초생활보장법상의 수급권자임 □ 한부모가족지원법상의 지원대상자임
□ 기초연금법상의 수급권자임 □ 장애인연금법상의 수급권자임
□ 북한이탈주민의 보호 및 정착지원에 관한 법률상의 보호대상자임
□ 수급권자·지원대상자·보호대상자 아님</td></tr>
<tr><td rowspan="2">신청인의
주　거</td><td>형　태</td><td colspan="6">아파트, 단독주택, 다가구주택, 연립주택, 다세대주택 기타
(　　　　　　　　　　　　　　　　　　　　　　　　)</td></tr>
<tr><td>소유관계</td><td colspan="6">신청인 또는 가족 소유 (소유자 :　　　　　　　　)
임대차(전세, 월세 : 보증금　　　　　원, 월세　　　　　원)
기타(　　　　　　　　　　　　　　　　　　　)</td></tr>
<tr><td rowspan="5">신청인과
가족들이
보유한
재산내역</td><td>부동산</td><td colspan="6"></td></tr>
<tr><td>예금</td><td colspan="6"></td></tr>
<tr><td>자동차</td><td colspan="6"></td></tr>
<tr><td>연금</td><td colspan="6"></td></tr>
<tr><td>기타</td><td colspan="6"></td></tr>
</table>

　신청인은 이상의 기재사항이 모두 사실과 다름이 없음을 확약하며 만일 다른 사실이 밝혀지는 때에는 구조결정이 취소되더라도 이의가 없습니다.

○○○○. ○○. ○○.

위 신청인 : ○ ○ ○(서명 또는 날인)

○○지방법원 제○부(단독) 귀중

※작성시 유의사항

1. 가족관계 : 배우자, 부모, 동거 중인 형제자매
2. 재산내역
　① 부동산 : 등기 여부에 관계없이 권리의 종류, 부동산의 소재지, 지목, 면적(m^2), 실거래가액을 기재
　　(예시) 임차권, 서울 서초구 서초동 ○○번지 ○○아파트 ○동 ○호 50m^2, 임대차보증금 ○○○만원
　② 예금 : 50만원 이상인 예금의 예금주, 예탁기관, 계좌번호, 예금의 종류를 기재
　　(예시) 예금주 ○○○, △△은행 서초지점 계좌번호00-00-00, 보통예금, ○○○만원
　③ 자동차 : 차종, 제작연도, 배기량, 차량등록번호, 거래가액을 기재
　　(예시) 캐피탈 1993년식, 1500cc, 서울○○두1234, ○○○만원
　④ 연금 : 액수 관계없이 연금의 종류, 정기적으로 받는 연금 액수, 기간을 기재
　　(예시) 유족연금 매월 30만원, 20○○. . .부터 20○○. . .까지
　⑤ 기타 : 소유하고 있는 건설기계, 선박 또는 50만원 이상의 유가증권, 회원권, 귀금속 등을 기재

※ 첨부서면

1. 가족관계를 알 수 있는 주민등록등본 또는 가족관계증명서, 재산내역을 알 수 있는 등기부등본, 자동차 등록원부등본, 예금통장사본, 위탁잔고현황, 각종 회원증 사본
2. 다음에 해당하는 서류가 있는 경우에는 이를 제출하시기 바랍니다.
    - 근로자 및 상업 종사자 : 근로소득원천징수영수증 또는 보수지급명세서, 국민건강보험료부과내역서, 국민연금이력요약/가입증명서, 소득금액증명서
    - 공무원 : 재직증명서 또는 공무원증 사본
    - 국가보훈대상자 : 국가유공자임을 증명하는 서면
    - 국민기초생활보장법상 기초생활 수급권자 : 기초생활수급권자 증명서
    - 한부모가족지원법상의 지원대상자 : 한부모가족 증명서
    - 기초연금법상의 수급권자 : 기초연금수급 증명서 또는 기초연금 지급내역이 나오는 거래은행통장 사본
    - 장애인연금법상의 수급권자 : 수급자 증명서 또는 장애인연금 지급내역이 나오는 거래은행통장 사본
    - 북한이탈주민의 보호 및 정착지원에 관한 법률상 보호대상자 : 북한이탈주민등록확인서
    - 소년·소녀가장 : 가족관계증명서
    - 국민기초생활보장법상 차상위자 : 국민건강보험료부과내역서, 국민연금이력요약/가입증명서, 소득금액증명서, 지방세세목별과세증명서, 주택임대차계약서
    - 외국인 : 여권사본 또는 외국인등록증사본
    - 법인 : 대차대조표, 재산목록, 영업보고서, 손익계산서

(27) 재산관계진술서

<table>
<tr><td colspan="3" align="center"><h1>재 산 관 계 진 술 서</h1></td></tr>
<tr><td>사건번호</td><td colspan="2">○○○○고단○○○○호 ○○죄</td></tr>
<tr><td rowspan="4">피 고 인</td><td>성 명</td><td>○ ○ ○</td></tr>
<tr><td>직 업</td><td>개인사업</td></tr>
<tr><td>주민등록번호</td><td>○○○○○○-○○○○○○○</td></tr>
<tr><td>주 소</td><td>○○도 ○○시 ○○로길 ○○○, ○○○호</td></tr>
<tr><td rowspan="3">동 산
기 타</td><td>현 금</td><td>570,000원</td></tr>
<tr><td>예 금</td><td>1,230,000원</td></tr>
<tr><td>기 타</td><td>없습니다.</td></tr>
<tr><td rowspan="3">부 동 산</td><td rowspan="2">부동산소유권</td><td>경기도 군포시 ○○로 ○○, ○○아파트
○○○동 ○○○호 84.324㎡</td></tr>
<tr><td>시가총액 : 420,000,000원(대출금 2억 원)</td></tr>
<tr><td>전세금,
보증금</td><td>없습니다.</td></tr>
<tr><td>재산총액</td><td></td><td>420,000,000원</td></tr>
<tr><td rowspan="2">월 수 입</td><td>금 액</td><td>2,300,000원</td></tr>
<tr><td>내 역</td><td>○○○은 군포시 ○○로길 ○○, ○○○에서 상호
○○미장원을 운영하고 매월 얻는 수입입니다.</td></tr>
<tr><td colspan="3">본인은 양심에 따라 사실대로 이 진술서를 작성하여 제출합니다.

○○○○. ○○. ○○.

위 피고인의 처 : ○ ○ ○ (인)</td></tr>
</table>

소송구조재산관계진술서

<table>
<tr><td rowspan="2">신 청 인</td><td>이　름</td><td></td><td colspan="2">주민등록번호</td><td></td></tr>
<tr><td>직　업</td><td></td><td colspan="2">주
소</td><td></td></tr>
<tr><td rowspan="5">가족관계</td><td>이　름</td><td>신청인
과
관계</td><td>나
이</td><td>직　업</td><td>월수입</td><td>동거여부</td></tr>
<tr><td></td><td></td><td></td><td></td><td></td><td></td></tr>
<tr><td></td><td></td><td></td><td></td><td></td><td></td></tr>
<tr><td></td><td></td><td></td><td></td><td></td><td></td></tr>
<tr><td></td><td></td><td></td><td></td><td></td><td></td></tr>
<tr><td rowspan="2">신청인의
월 수 입</td><td>금　액</td><td colspan="5"></td></tr>
<tr><td>내　역</td><td colspan="5"></td></tr>
<tr><td>수급권자
여　부</td><td colspan="6">□ 국민기초생활보장법상의 수급권자임 □ 한부모가족지원법상의 보호대상자임
□ 기초노령연금법상의 수급권자임　　□ 수급권자보호대상자 아님</td></tr>
<tr><td rowspan="2">신청인의
주　거</td><td>형　태</td><td colspan="5">아파트, 단독주택, 다가구주택, 연립주택, 다세대주택
기타(　　　　　　　　　　　　　　　　　　)</td></tr>
<tr><td>소유관계</td><td colspan="5">신청인 또는 가족 소유 (소유자 :　　　　　　　　)
임대차(전세, 월세 : 보증금　　　원, 월세　　　원)
기타(　　　　　　　　　　　　　　　　　　)</td></tr>
<tr><td rowspan="5">신청인과
가족들이
보유한
재산내역</td><td>부동산</td><td colspan="5"></td></tr>
<tr><td>예금</td><td colspan="5"></td></tr>
<tr><td>자동차</td><td colspan="5"></td></tr>
<tr><td>연금</td><td colspan="5"></td></tr>
<tr><td>기타</td><td colspan="5"></td></tr>
</table>

신청인은 이상의 기재사항이 모두 사실과 다름이 없음을 확약하며 만일 다른 사실이 밝혀지는 때에는 구조결정이 취소되더라도 이의가 없습니다.

○○○○. ○○. ○○.

위 신청인 : ○ ○ ○(서명 또는 날인)

○○지방법원 제○부(단독) 귀중

※ 작성시 유의사항

1. 가족관계 : 배우자, 부모, 동거 중인 형제자매

2. 재산내역

   ① 부동산 : 등기 여부에 관계없이 권리의 종류, 부동산의 소재지, 지목, 면적(m^2), 실거래가액을 기재

   (예시) 임차권, 경기도 의왕시 ○○로 ○○, ○○아파트 ○○○동 ○○○호 112.854m^2, 임대차보증금 ○○○,○○○,○○○원

   ② 예금 : 50만 원 이상인 예금의 예금주, 예탁기관, 계좌번호, 예금의 종류를 기재

   (예시) 예금주 ○○○, △△은행 서초지점 계좌번호 00-00-00, 보통예금, ○○○만원

   ③ 자동차 : 차종, 제작연도, 배기량, 차량등록번호, 거래가액을 기재

   (예시) 캐피탈 ○○○○년식, 1500cc, 서울 ○○두○○○○ ○○○만원

   ④ 연금 : 액수 관계없이 연금의 종류, 정기적으로 받는 연금 액수, 기간을 기재

   (예시) 유족연금 매월 30만원, ○○○○. . .부터 ○○○○. . .까지

   ⑤ 기타 : 소유하고 있는 건설기계, 선박 또는 50만 원 이상의 유가증권, 회원권, 귀금속 등을 기재

※ 첨부서면

1. 가족관계를 알 수 있는 주민등록등본 또는 호적등본, 재산내역을 알 수 있는 등기부등본, 자동차 등록원부등본, 예금통장사본, 위탁잔고현황, 각종 회원증 사본

2. 다음에 해당하는 서류가 있는 경우에는 이를 제출하시기 바랍니다.

    - 법률구조공단의 구조결정서 사본
    - 근로자 및 상업 종사자 : 근로소득원천징수영수증 또는 보수지급명세서, 국민건강보험료부과내역서, 국민연금이력요약/가입증명서, 소득금액증명서
    - 공무원 : 재직증명서 또는 공무원증 사본
    - 국가보훈대상자 : 국가유공자임을 증명하는 서면
    - 국민기초생활보장법상 기초생활 수급권자 : 기초생활수급권자 증명서
    - 한부모가족지원법상의 보호대상자 : 한부모가족 증명서
    - 기초노령연금법상의 수급권자 : 기초노령연금수급 증명서
    - 소년·소녀가장 : 호적등본
    - 장애인 : 시·군·구, 읍·면·동사무소 발행의 장애인 증명, 장애인 수첩 또는 의사가 발행하는 장애진단서
    - 영세민 : 국민건강보험료부과내역서, 국민연금이력요약/가입증명서, 소득금액증명서, 지방세세목별과세증명서, 주택임대차계약서
    - 외국인 : 여권사본 또는 외국인등록증사본
    - 법인 : 대차대조표, 재산목록, 영업보고서, 손익계산서

◼ 편 저 대한법률콘텐츠연구회 ◼

(연구회 발행도서)

· 형사사건 양형자료 반성문 작성방법
· 공소장 공소사실 의견서 작성방법
· 불기소처분 고등법원 재정신청서 작성방법
· 불 송치 결정 이의신청서 재수사요청
· 대출금·카드대금 소멸시효 안 갚아도 되는 방법
· 의사표시 내용증명서 작성방법
· 접근금지 가정폭력 고소방법
· 폭행·특수폭행죄 폭행고소 성립요건 고소방법
· 처음부터 끝까지 지급명령 신청방법·절차

형사 고소절차/수사절차/법적대응 단계별 대처 방법
처음부터 끝까지 형사고소 해결방법

2026년 02월 20일 인쇄
2026년 02월 25일 발행

편 저 대한법률콘텐츠연구회
발행인 김현호
발행처 법문북스
공급처 법률미디어

주소 서울 구로구 경인로 54길4(구로동 636-62)
전화 02)2636-2911~2, 팩스 02)2636-3012
홈페이지 www.lawb.co.kr

등록일자 1979년 8월 27일
등록번호 제5-22호

ISBN 979-11-94820-52-9(13360)

정가 28,000원

❙ 역자와의 협약으로 인지는 생략합니다.
❙ 파본은 교환해 드립니다.
❙ 이 책의 내용을 무단으로 전재 또는 복제할 경우 저작권법 제136조에 의해 5년 이하의 징역 또는
  5,000만원 이하의 벌금에 처하거나 이를 병과할 수 있습니다.

> 이 도서의 국립중앙도서관 출판예정도서목록(CIP)은 서지정보유통지원시스템 홈페이지(http://seoji.nl.go.kr)와 국가
> 자료종합목록 구축시스템(http://kolis-net.nl.go.kr)에서 이용하실 수 있습니다.

홈페이지 www.lawb.co.kr
페이스북 www.facebook.com/bummun3011
인스타그램 www.instagram.com/bummun3011
네이버 블로그 blog.naver.com/bubmunk